惊世判决

美国联邦最高法院
"奥伯格费尔诉霍奇斯案"判决书

申晨 编译

北京大学出版社
PEKING UNIVERSITY PRESS

目 录

导读	001
判决摘要	025
判决书主文	033
首席大法官罗伯茨异议意见	066
斯卡利亚大法官异议意见	100
托马斯大法官异议意见	111
阿利托大法官异议意见	131
附录A 联邦和各州法院关于同性婚姻问题的判决	141
附录B 各州立法和司法机构关于同性婚姻合法化的决议	148
术语英汉对照表	150
自由的新生？——奥伯格费尔诉霍奇斯案／吉野贤治	158
译后记	193

导读

2015年6月26日，是全球尤其是美国的同性恋者和同性恋平权运动支持者值得纪念的日子。在这一天，美国联邦最高法院在"奥伯格费尔诉霍奇斯案"（Obergefell v. Hodges）中以5∶4的票数比例，判决在美国全境承认同性婚姻的合法性。该判决终结了长期以来美国社会各界对同性婚姻合法性的争论，成为美国同性恋平权运动发展史上一个重要的里程碑。

（一）

美国同性恋平权运动的发展历程，用一部血泪史来形容并不过分。及至20世纪上半叶，基于宗教和道德等原因，美国主流社会一直对同性恋群体抱有歧视，医学界甚至将同性恋视为一种精神疾病。虽然美国早期的同性恋团体试图使公众对同性恋者的态度改观，但这一努力并未获得太多成效。第二次世界大战时期，在战争的特殊条件下，大量同性恋者在军队的单性环境中找到了心灵的慰藉，他们发现，对同性产生感情和与同性发生性关系，并不是令人羞耻的事情，这对后来的同性恋群体运动产生了深远影响。然而"二战"过后，美国社会仍严重歧视同性恋，其程度更甚于共产主义国家，由此引发了激烈的社会矛盾，并终于在1969年6月27

日爆发了著名的"石墙暴动"(Stonewall riots)。

石墙是美国纽约市格林尼治村的一家酒吧。在暴动发生以前,警方对同性恋酒吧和夜总会的搜捕行动,几乎成为同性恋者生活的一部分,接吻、牵手,甚至在同性恋酒吧出现都是被逮捕的理由。事件当天早晨,纽约警察突击检查该酒吧,殴打和逮捕了多位顾客,但遭到了同性恋者的抵抗,进而引起了一场暴力示威冲突,并一直持续了五个夜晚。石墙暴动被认为是美国史上同性恋者首次公开反抗政府迫害的事件,因而被视为美国同性恋平权行动的起点,其影响扩展到世界范围,并导致了同性恋维权组织"同性恋解放阵线"的成立。

石墙暴动后,同性恋平权行动开始蓬勃发展。1970年,为了纪念石墙暴动一周年,纽约、芝加哥和洛杉矶举行了第一次同性恋游行;1974年,美国精神医学学会宣布不再将同性恋视为精神疾病;1975年,伊莱恩·诺布尔(Elaine Noble)在马萨诸塞州众议院宣誓就职,成为美国历史上首个公开同性恋身份后就任公职的人。1973年起,著名同性恋政治领袖哈维·米尔克(Harvey Milk)开始在美国政坛活跃,其依靠同性恋群体的支持,在1977年成功当选旧金山市政管理委员会第五区的委员。然而不幸的是,1978年11月27日,旧金山市前监督委员会委员丹·怀特(Dan White)在旧金山市政府大厅枪杀了米尔克以及旧金山市长乔治·莫斯科尼(George Moscone)。事后,法院以"精神错乱"为由仅判处怀特七年监禁,这一判决激怒了旧金山市的同性恋群体,进而引发了游行和骚乱。作为同性恋平权运动的首位殉道者,米尔克的遇刺成为美国当代史上的重要事件,其事迹于2008年被改编为电影,并获两项奥斯卡大奖。

米尔克的鲜血换来了主流社会对同性恋群体更大的关注和支持,进入20世纪80年代,民间和官方对同性恋问题的态度日趋扭转。1980年,民主党全国代表大会通过声明,宣布他们支持同性恋权利:"所有群体都不能够被歧视,无论这种歧视基于种族、宗教、国籍、语言、性别,还是性取向。"1984年,加利福尼亚州伯克利市设立了为同性恋伴侣提供福利的专门机构,此举成为美国在政府层面支持同性恋平权运动的里程碑事件。

进入20世纪90年代,同性恋群体开始了追求实现同性婚姻合法化的漫长道路,并一直抗争至"奥伯格费尔诉霍奇斯案"判决之日。美国社会自上至下都被卷入了这场运动,联邦和各州的立法、行政和司法机关均不同程度地参与其中,相关的法律和政策几经拉锯,美国民众也就此问题展开了激烈的争论,甚至产生了严重的立场分裂。

以下是"奥伯格费尔诉霍奇斯案"发生前,美国同性婚姻合法化历程的大事记:

1993年1月1日,夏威夷州最高法院作出判决,宣布禁止同性恋者结婚有违宪法的平等保护原则。

1996年9月21日,美国总统克林顿签署《保卫婚姻法案》，规定联邦法律中所指的"婚姻"，只指一男一女的结合。

1998年11月3日，夏威夷州投票通过了第二宪法修正案，授权州政府禁止同性结婚。

1999年1月1日，加利福尼亚州建立了同性伴侣登记处，肯定了同性伴侣的医疗探视权。

2000年7月1日，佛蒙特州承认了同性伴侣关系具有民事法律效力。

2003年6月23日，联邦最高法院对"劳伦斯诉得克萨斯州案"作出判决，宣布得克萨斯州关于禁止鸡奸的法律无效，各州不得禁止成年人间从事自愿的同性性行为。

2004年2月24日，美国总统布什宣布支持关于禁止同性结婚的联邦宪法修正案，该宪法修正案未能在美国参议院和众议院投票中获得通过。

2004年5月17日，马萨诸塞州成为第一个同性结婚合法化的州。马萨诸塞州最高法院在"古德里奇诉公共卫生部案"中，判定州宪法保障同性情侣结婚的权利。

2004年11月2日，有十一个州通过了把婚姻定义为一男一女结合的宪法修正案，包括了阿肯色州、佐治亚州、肯塔基州、密歇根州、密西西比州、蒙大拿州、北达科他州、俄亥俄州、俄克拉荷马州、俄勒冈州和犹他州。

2006年11月7日，八个州提出了禁止同性结婚的宪法修正案，包括了科罗拉多州、爱达荷州、南卡罗来纳州、南达科他州、田纳西州、弗吉尼亚州、威斯康星州和亚利桑那州，但只有亚利桑那州通过了该法案。

2008年5月15日，加利福尼亚州最高法院裁定同性结婚合法化。

2008年10月10日，康涅狄格州最高法院裁定同性结婚合法化。

2008年11月4日，加利福尼亚州通过了8号提案，将婚姻界定为仅限于一男一女的结合。

2009年4月3日，爱荷华州最高法院裁定同性结婚合法化。

2009年4月7日，佛蒙特州通过了同性婚姻合法化提案。

2009年5月6日，新罕布什尔州通过了同性婚姻合法化提案。

2009年5月26日，加利福尼亚州最高法院裁定8号提案有效，但裁定在此法案通过前缔结的同性婚姻是合法的。

2009年12月15日，华盛顿特区法院裁定同性结婚合法化。

2011年6月24日，纽约州州长签署同性婚姻合法化法案。

2011年9月20日，经国会、总统、国防部、参谋长联席会议主席同意，美国军队对待同性恋者的"不要问，不要说"政策被废除。

2012年5月9日，美国总统奥巴马公开宣称支持同性婚姻。

2012年11月6日，缅因州、华盛顿州和马里兰州同性结婚合法化。

2013年5月2日，罗德岛州同性结婚合法化。

2013年5月7日，特拉华州同性结婚合法化。

2013年5月14日，明尼苏达州同性结婚合法化。

2013年6月25日，联邦最高法院在"美利坚合众国诉温莎案"中，宣布《保卫婚姻法案》无效。

2013年10月18日，新泽西州最高法院裁定同性结婚合法化。

2013年11月5日，伊利诺伊州同性结婚合法化。

2013年11月13日，夏威夷州同性结婚合法化。

2014年10月25日，阿拉斯加州、亚利桑那州、爱达荷州、北卡罗来纳州、西弗吉尼亚州和怀俄明州承认同性婚姻。

最后，在2015年1月16日，联邦最高法院受理了美国第六巡回上诉法院的上诉案件，将对肯塔基州、密歇根州、田纳西州和俄亥俄州的同性婚姻禁令效力作出判断。2015年6月26日，联邦最高法院作出判决，认定上述各州禁止同性婚姻的行为违反宪法第十四修正案，并且各州应当承认在外州合法缔结的同性婚姻的效力。这一判决，实际上是在美国全境实现了同性婚姻的合法化。同性恋群体及其支持者多年的斗争，终于获得了胜利。

（二）

在美国的同性婚姻合法化运动中，联邦和各州法院所扮演的角色，其重要性甚至超过了议会和政府。不少州的同性婚姻合法化是基于州最高法院的判决，而美国全境的同性婚姻合法化，"临门一脚"也是由联邦最高法院完成。在"奥伯格费尔诉霍奇斯案"判决作出以前，联邦最高法院已经作出了多个与同性恋平权运动有关的判决。这些判决彼此间存在递进关系，也反映了最高法院在同性恋问题上认识的发展。鉴于这些判决在"奥伯格费尔诉霍奇斯案"中被反复提及和引用，译者在此对这些案例进行简单的介绍和评述，以方便读者了解相关的背景。

1. "贝克诉尼尔森案"（*Baker v. Nelson*, 409 U. S. 810）

进入20世纪70年代，同性恋平权运动开始发展，而此时种族平权运动已经取得了重大进展，联邦最高法院于1967年的洛文案中废除了跨种族结婚的禁令，于是同性恋群体认为，基于同样的理由，同性间的婚姻也不应当被禁止。由此就产生了同性婚姻合法化的第一案"贝克诉尼尔森案"。

本案的当事人理查德·贝克（Richard Baker）和詹姆斯·麦康奈尔（James McConnel）是明尼苏达大学的学生，他们向当地市政厅申请登记结婚，但市政厅以不接受同性婚姻为由拒绝了他们的请求。贝克和麦康奈尔遂向法院提起诉讼，要求法院判令市政厅为其办理婚姻登记。本案自初审法院到明尼苏达州最高法院，法官都驳回了原告的请求，并认为把婚姻定义为异性结合并没有违反宪法第十四修正案的正当程序条款和平等保护条款。最终，原告上诉至联邦最高法院，而最高法院给出了一句话判决："本案不存在实质性的联邦层面的问题。"由此驳回了原告的请求。

"贝克诉尼尔森案"是同性恋群体首次尝试维护其结婚的权利，但囿于当时社会主流意识对同性恋仍持排斥态度，这一努力并未得到法院的支持。该案中联邦最高法院以"事不关己"的态度，拒绝参与同性婚姻合法性问题的讨论，也反映了当时联邦司法机关对该议题的认识和立场。

2. "鲍尔斯诉哈德威克案"（*Bowers v. Hardwick*, 478 U. S. 186）

在同性恋平权运动中，与争取同性婚姻权的运动同时开展的是废除"反鸡奸法"（sodomy law）*的运动。由于历史和宗教原因，美国各州规定性行为必须由男女以性器官通过"正常的姿势"进行，这使得同性性行为成为一种违法行为。但随着社会风化的开放，自 1962 年伊利诺伊州宣布废除

---

* Sodomy 的本义是指非正常体位性交，包括而不限于肛门性交。在本书的翻译中，译者根据语境，选择将 sodomy 或译为较通俗的"鸡奸"，或译为更接近本义的"非正常体位性交"。——译者注

"反鸡奸法"后,越来越多的州放宽乃至废除了该项法律。但在联邦层面,"反鸡奸法"始终未被废止。因此,同性恋群体希望"毕其功于一役",通过联邦最高法院的判决,在美国全境废除"反鸡奸法"。

本案当事人鲍尔斯在其卧室中与一名成年男性自愿发生了性关系,但依照其所在的佐治亚州法律,该行为构成犯罪,鲍尔斯面临刑事指控。鲍尔斯遂向法院提起诉讼,控告佐治亚州的"反鸡奸法"违宪。该案上诉至联邦第十一巡回上诉法院时,法官作出了有利于原告的判决。但联邦最高法院审理后,以5:4的票数比例否决了原告的诉求,判决"反鸡奸法"合宪。

该案在最高法院的九位法官中产生了强烈的分歧。判决书执笔人怀特大法官认为,宪法第十四修正案所保障的基本权利中并不包含从事同性性行为的权利,并且极力抵制在该案中将正当程序条款实体化,指出司法机关不应越权干涉国家的治理。该意见得到了伯格、鲍威尔、伦奎斯特以及奥康纳大法官的支持。另一方面,布莱克门、布伦南、马歇尔和斯蒂文斯大法官组成的反对意见则指出,本案涉及的是虽然未经宪法列举,但公民实际享有的隐私权这一基本权利,因为性行为是个人最私密的行为,而卧室是个人最私密的场所;并且,所谓的公共卫生利益和宗教传统,并不能作为反对这一权利的理由。

鲍尔斯案虽然未能如同性恋群体所愿,废除"反鸡奸法",但由于其只是在联邦层面确认"反鸡奸法"合宪,因此并不影响有些州继续废除该法。当然,在那些观念较为保守的州,"反鸡奸法"依然影响着同性恋者的正常性生活。

3. "罗莫诉埃文斯案"(*Romer v. Evans*, 517 U. S. 620)

同性恋群体在20世纪90年代终于得到了联邦最高法院的有利判决。1992年科罗拉多州通过了州宪法第二修正案,该法案禁止州内的一切职能机构,通过立法、规章、政策等方式,将同性恋者作为少数群体对待,给予保护性和非歧视的待遇。由于这一法案内容过于直白,遭到了同性恋平权运动支持者的强烈抵制。科罗拉多州最高法院裁决,该法案由于违反宪法第十四修正案的正当程序条款,因而无效。

该案上诉至联邦最高法院后,最高法院以6:3的票数比例判决该修正案违宪。肯尼迪大法官执笔的判决认为,该法案毫无理由地对同性恋群体予以区别对待,将其置于不受反歧视法保护的境地,且没有任何合理合法的政府利益作为其依据,完全违背了宪法第十四修正案的正当程序条款。以斯卡利亚、伦奎斯特和托马斯大法官为代表的反对意见则认为,由于各州可以将同性性行为定性为犯罪,那么对于从事和可能从事这一行为的群体不予以特殊保护,有其合理性。

罗莫案判决是同性恋群体首次在联邦最高法院获得支持,判决结果也表明,经过多年的努力,同性恋平权运动取得了重大进展,同性恋群体不应受到歧视的观念已经在社会中深入人心。

4. "劳伦斯诉得克萨斯州案"（*Lawrence v. Texas*, 539 U. S. 558）

虽然在鲍尔斯案中"反鸡奸法"被认定为合宪，但后续有不少州相继废除了该法。例如在鲍尔斯案发生地佐治亚州，该州最高法院1998年即认定"反鸡奸法"因侵犯宪法保护的隐私权而无效。由此，对"反鸡奸法"的合宪性问题，联邦与许多州实际形成了相反的立场。

1998年，约翰·劳伦斯（John Lawrence）与蒂龙·加纳（Tyron Garner）在自己居所发生自愿性行为时，得克萨斯警方破门而入，将其逮捕。依照得克萨斯州的禁止鸡奸法律，两人面临刑事指控。但劳伦斯和加纳认为，得克萨斯州法律仅禁止同性之间的肛交行为，涉嫌违反平等保护条款，且侵犯了其隐私权，遂向法院提起诉讼。该案最终上诉至联邦最高法院。

此时联邦最高法院面临的困境是，如果支持原告的诉讼请求，则鲍尔斯的判决将被推翻，而直接推翻一项先例在最高法院的判决中是极为罕见的。但最终，最高法院还是以6∶3的票数比例，判决支持了原告的诉讼请求。肯尼迪大法官执笔的判决认为，鲍尔斯案判决的依据，在今天看来是完全错误的，自愿的同性性行为属于宪法保障的个人自由，受到隐私权的保护，政府没有合理理由不得干预，因此，得克萨斯州的禁止鸡奸法律违反了宪法第十四修正案的正当程序条款；同时，肯尼迪大法官还暗示了同性恋者在婚姻家庭方面也应与异性恋者享有同等的权利。此外，奥康纳大法官虽然支持原告诉求，但认为，其依据是宪法第十四修正案的平等保护条款而非正当程序条款。斯卡利亚、伦奎斯特和托马斯大法官组成的反对意见则认为，同性性行为不涉及基本权利，得克萨斯州法律以维护多数人的性道德观为目的，因此并不违反正当程序条款。

从影响上看，一方面，劳伦斯案的判决终于打破了"反鸡奸法"这一长期以来引发同性恋群体不断抗争的枷锁；另一方面，该案判决中最高法院大法官的态度，也鼓励和推动了同性婚姻合法化的进程。该案判决后不久，马萨诸塞州就凭借"古德里奇诉公共卫生部案"，在全美率先正式承认了同性婚姻的合法性。

5. "美利坚合众国诉温莎案"（*United States v. Windsor*, 570 U. S. ____）

1993年夏威夷州首先对同性婚姻放宽了限制。虽然该州并未明确承认同性婚姻的合法性，但这一风向已经引起了联邦和各州的警惕。1996年，时任美国总统克林顿签署《保卫婚姻法案》（Defense of Marriage Act），即所谓的"DOMA法案"，明确规定在联邦所有法律中所指的"婚姻"，仅指一男一女的结合，以在联邦层面确保对同性婚姻的排斥。然而时过境迁，到2013年，美国已经有十几个州承认了同性婚姻的合法性，甚至连总统奥巴马也公开支持同性婚姻。这样一来，DOMA法案的存在无疑面临着质疑。

本案发生的背景是，原告伊迪丝·温莎（Edith Windsor）与其伴侣斯拜尔是在加拿大合法缔结同性婚姻的一对夫妇，斯拜尔去世后，由于根据DOMA法案，两人的婚姻关系不受美国政府的认可，温莎在继承斯拜尔的遗产时不能受惠于配偶间的遗产税政策，因而需要交纳高额的遗产税。据此，温莎要求宣布排斥同性婚姻的DOMA法案违宪，将联邦政府告上法庭。

有意思的是，在联邦最高法院审理本案时，联邦政府由于其支持同性婚姻的立场，拒绝出庭辩护。然而本案在最高法院大法官中仍产生了巨大分歧，最终是以5∶4的勉强多数，支持了温莎的诉讼请求。肯尼迪大法官执笔判决书，认为DOMA法案之所以违宪，在于其干涉了本应由各州规定的婚姻定义；而由于温莎所在的纽约州已经承认和保护了同性婚姻，DOMA法案就是在没有正当理由的前提下伤害该州所要保护的对象，从而违背了宪法第五修正案的平等保护和正当程序原则。该意见得到了金斯伯格、布雷耶、索托马约尔和卡根大法官的支持。而罗伯茨、斯卡利亚和阿利托大法官分别发表了异议意见，他们的论点主要在于，婚姻的定义应当由人民自己决定，法院无权决定DOMA法案对婚姻的定义是否违宪。

温莎案的判决结果再一次站在了同性恋群体一边，但由于该案只是废除了联邦层面法律对婚姻的传统定义，且温莎所在的纽约州本身就是保护同性婚姻的，因此该案实际未能实现同性婚姻的合法化。然而，该案判决反映了联邦最高法院对同性婚姻合法化的支持态度，从而预示了反对同性婚姻的各州所坚持的婚姻传统定义已经岌岌可危，同性婚姻合法化的最后一役即将打响。果不其然，仅仅两年之后，就发生了"奥伯格费尔诉霍奇斯案"。

（三）

除上述案例外，在本案的判决书和异议意见中出现的以下法规、原则和判例，可能不为读者熟悉，译者在此一并予以说明。

1. 美国宪法第十四修正案

美国宪法第十四修正案，是美国南北战争后，为保障南方各州黑人公民的合法权利而通过的一项修正案，其适用对象主要是各州的行政、立法和司法机关。本案涉及的是其第一款的两项内容，即所谓的正当程序条款和平等保护条款："任何一州……未经正当法律程序，不得剥夺任何人的生命、自由和财产；在州管辖范围内，也不得拒绝给予任何人以平等法律保护。"

根据肯尼迪大法官执笔的判决书，第十四修正案的正当程序条款和平等保护条款是本案判决的主要依据；而罗伯茨、托马斯大法官的异议意见也主要是围绕涉案法律是否违反第十四修正案而展开。正当程序条款的保护范围是公民的

"生命、自由和财产"等基本权利，在后续的判例发展中，其保护范围也被扩展到像隐私权这样未经明文列举的基本权利。例如判决意见认为，个人对结婚的选择权是一项个人自由，也是一项基本权利，因此同性婚姻权受到正当程序条款的保护；而异议意见中，罗伯茨极力反对将同性婚姻权解释为一项未经列举的基本权利，托马斯则质疑判决意见理解的"自由"含义与正当程序条款中的"自由"不一致，从而反对正当程序条款的适用。平等保护条款的含义是，除非基于合理正当的理由，不得对特定群体予以区别对待。例如肯尼迪认为，过往的婚姻权判例和同性性行为合法化判例中，均表现出"自由"与"平等"价值的合力作用（当然，罗伯茨批评肯尼迪的这一论点很难理解），因此同性婚姻权也可从平等保护条款中推出；罗伯茨则认为，对同性婚姻和异性婚姻的"不平等"的区别对待，是以"婚姻定义本来就是异性结合"这一正当理由作出的，因此拒绝同性婚姻并不违反平等保护条款。

宪法第十四修正案的适用问题是本案的四个主要争议点之一（另三个是"法院是否有权定义婚姻""婚姻与生殖的关系""婚姻的宗教意义"），也是最重要的争议点；而其中，正当程序条款相对于平等保护条款，又是主要的争议焦点。对于正当程序条款在本案中发挥的作用的评价，以及该条款的解释在同性恋平权运动所涉案件判决中一贯的发展历程，吉野贤治（Kenji Yoshino）教授发表在《哈佛法律评论》

(*Harvard Law Review*)上的论文《自由的新生》(*A New Birth of Freedom? : Obergefell v. Hodges*)中有详细的论证,译者在获得吉野贤治教授授权后,对该文进行了翻译,以供读者参考。

2. "已婚妇女法"(Coverture)

严格来说,Coverture 并不是一部法律,而是指一种法律状态,即妇女结婚后,其法律权利和义务从属于其丈夫,夫妇二人在法律上形成一个由丈夫主导的法律个体。但由于中文中并无相对应的名词,故译者为行文方便,将其译为"已婚妇女法"。"已婚妇女法"最早起源于英国普通法,在19世纪的女权运动作用下,最终被《已婚妇女财产法案》(Married Women's Property Acts)所实质修改。在美国,"已婚妇女法"也逐渐被抛弃,但部分州一直沿用到20世纪60年代。

"已婚妇女法"由于否认妇女的独立法律地位,而注定为历史所抛弃。并且,"已婚妇女法"的弃用也实质性地改变了婚姻的法律结构,使已婚夫妇由一个法律共同体变为类似于二人契约的形态。因此,"已婚妇女法"的废除,被视为婚姻制度发展史上的一项重大变革。肯尼迪大法官在判决书中引用这一现象,以此为将婚姻制度扩展到同性范围的变革提供正当性支持。

3. 婚姻权系列案件

本案中,将婚姻权确立为基本权利的三个判例,即"洛文诉弗吉尼亚州案"(*Loving v. Virginia*, 388 U. S. 1)、"扎布洛茨基诉雷海尔案"(*Zablocki v. Redhail*, 434 U. S. 374)、"特纳诉萨夫利案"(*Turner v. Safley*, 482 U. S. 78)被多位法官引用。

洛文案:洛文夫妇是有色人种和白人的结合,二人在哥伦比亚特区缔结婚姻并在弗吉尼亚州居住,由于弗吉尼亚州禁止跨种族婚姻,二人被追究刑事责任,判处一年监禁并在接受不再踏足本州的条件下缓期25年执行。本案经联邦最高法院审理,法官一致判定婚姻权是人类的一项基本权利,且不得基于种族对婚姻进行区别对待,因此弗吉尼亚州相关法律违反宪法第十四修正案的正当程序条款和平等保护条款。

扎布洛茨基案:原告雷海尔1974年申请结婚,但其自1972年起一直拖欠了其非婚生子女的抚养费,根据威斯康星州法律,拖欠抚养费的父母不得结婚,雷海尔遂诉至法院,要求确认该法律违宪。联邦最高法院的八位法官支持了该诉求,其中判决书的理由是:其一,婚姻权是一项基本权利,州法律不得侵犯;其二,以履行支付抚养费义务、保障子女权益为由,对原告的婚姻权进行区别对待,理由并不充分。伦奎斯特法官持异议意见,认为保障儿童福利构成本案法律对原告予以区别对待的正当理由。

特纳案：原告特纳是密苏里州的一名正在服刑的囚犯。按照密苏里州的一项监狱管理规定，正在服刑的囚犯不得结婚，除非其有正当紧迫的理由，且经过典狱长的审批。特纳认为，这项规定侵犯了其正当权利，遂向法院提起诉讼。联邦最高法院审理认为，监狱管理规定如果出于正当合法的管理囚犯的目的，可以对囚犯的宪法权利予以限制，但本案中的规定限制了囚犯的婚姻权这项基本权利，却并不是为了实现某种正当合法的目的，因此应属无效。

通过上述三个判例，联邦最高法院确立了公民选择结婚的权利，是宪法所保护的一项基本权利。这一点也成为奥伯格费尔案最终判决的主要理由之一。

4. "洛克纳诉纽约州案"（*Lochner v. New York*，198 U. S. 45）

"洛克纳诉纽约州案"是联邦最高法院在20世纪初作出的一项判决，由于该案判决体现了司法对立法政策的过度干预，因而被视为最高法院的一项不光彩的判决。罗伯茨大法官的异议意见多次引用了洛克纳案判决，以反驳多数意见将同性婚姻权解释为一项基本权利的观点，并强调司法克制的重要性。

19世纪末、20世纪初，工人福利保障问题逐渐引起社会重视，一些限制工人最长工作时间的法律政策被制定出来，其中就包括了纽约州的《面包店法案》（The Bakeshop

Act），该法案规定，面包店雇员每周工作时间不得超过60小时，每天不得超过10小时。原告洛克纳作为一名面包店店主，允许其雇员每周工作超过60小时，因而受到处罚，其遂向法院提起诉讼，要求判令《面包店法案》无效。

联邦最高法院最终作出有利于原告的判决。佩克汉姆（Peckham）大法官主笔的判决意见中认为，个人签订处置自己劳务之合同的自由，是宪法第十四条修正案所保护的自由，各州除非有涉及公众的安全、健康、道德和社会福利等的正当理由，否则不得限制这种自由；面包师这一行业本身并不是对健康具有很大危害的行业，因此立法机关无权干涉雇主与雇员自由签订劳务合同的权利。

上述意见遭到了异议法官的强烈反对。哈伦大法官的异议意见指出，法院无权判断立法机关的立法是否明智，并且多数意见法官是根据自己主观的认识判断面包师行业不具有健康危害性，实属对立法政策的过度干预；霍姆斯大法官的异议意见则认为，宪法不存在理论倾向，法官不能基于自己对某种经济理论的偏好，来决定一项立法是否合宪。

从历史的发展来看，本案的异议意见最终被证明是更加明智的，因此洛克纳案也被后世的最高法院法官视为严守司法克制的反面教材。罗伯茨大法官认为，本案多数意见依照自己的同性婚姻的认识倾向，主观性地扩大了婚姻的定义，是重蹈了洛克纳案的覆辙。

（四）

美国联邦最高法院的判决书，可以由多份法官意见组成。其中，作为生效判决的是本院意见（Opinion of the Court），由支持该意见的一名法官执笔。如果该意见是受到五名以上大法官支持的，也就构成多数意见（Majority Opinion）。其他法官，如果同意判决的结论但不同意判决的理由，可以发表并存意见（Concurring Opinion）；如果不同意判决结论，可以发表异议意见（Dissenting Opinion）。本案的判决由肯尼迪大法官主笔，同时，罗伯茨、斯卡利亚、托马斯、阿利托大法官分别发表了异议意见。这里介绍一下这五位大法官的背景。

1. 肯尼迪大法官

安东尼·肯尼迪（Anthony Kennedy）大法官生于1936年，出生地是加利福尼亚州萨克拉门托，毕业于哈佛大学法学院。他于1975年被任命为联邦第九巡回上诉法院法官，1988年被里根总统提名任命为最高法院大法官。在斯卡利亚大法官去世后，他成为最高法院最为资深的大法官。

在立场上，肯尼迪被认为是最高法院中唯一的摇摆票。尤其在2006年奥康纳大法官退休后，其在很多5∶4的投票案件中处于关键一票的地位。在同性恋平权问题上，肯尼迪大法官虽然是一名天主教徒，但一直作为关键性的中间票站在同性恋群体一边。其在"罗莫诉埃文斯案""劳伦斯诉德克萨斯州案""美利坚合众国诉温莎案"以及本案中均投票赞同了多数意见并执笔了判决书主文。

2. 罗伯茨大法官

约翰·罗伯茨（John Roberts）大法官是联邦最高法院现任的首席大法官。1955年出生于纽约州布法罗市，毕业于哈佛大学法学院。罗伯茨大法官履历丰富，学生时代曾任《哈佛法律评论》编辑，后担任过最高法院大法官威廉·伦奎斯特的助理，先后在联邦司法部、白宫法律顾问办公室任职，出任过联邦政府首席律师。他于2003年被小布什总统任命为哥伦比亚特区巡回上诉法院法官；2005年成为最高法院首席大法官时，年仅50岁，是美国两个世纪以来最年轻的首席大法官。

在政治倾向上，罗伯茨持强硬的保守立场，他最突出的政治观点体现为反对堕胎。在同性恋平权问题上，虽然罗伯茨在年轻时曾参与"罗莫诉埃文斯案"对原告的法律援助，但在最高法院就任后，其基本仍持保守立场，在"美利坚合众国诉温莎案"以及本案中持反对意见。

3. 斯卡利亚大法官

安东宁·斯卡利亚（Antonin Scalia）大法官，1936年出生于新泽西州特伦顿市，毕业于乔治敦大学和哈佛大学法学院。1982年，其被任命为哥伦比亚巡回上诉法院法官。1986

年，他被里根总统任命为最高法院大法官。斯卡利亚是本案判决时联邦最高法院最为资深的大法官。2016年2月13日，斯卡利亚大法官不幸逝世。

斯卡利亚是最高法院著名的保守派法官，极力推崇"宪法原旨主义"（Originalism）思想，认为法官应当根据宪法本来的立法意图判案，不必考虑时代、社会的变迁。并且斯卡利亚个性十分鲜明，经常语出惊人，从而成为美国政界的话题人物。在同性恋平权问题上，斯卡利亚完全站在保守派一边，在"罗莫诉埃文斯案""劳伦斯诉得克萨斯州案""美利坚合众国诉温莎案"以及本案中均发表了异议意见。

4. 托马斯大法官

克拉伦斯·托马斯（Clarence Thomas）大法官，1948年出生于佐治亚州，毕业于圣十字学院和耶鲁大学法学院，拥有神学和法学的教育背景。1990年，老布什总统任命他为哥伦比亚特区巡回上诉法院法官，一年后，又提名他出任最高法院大法官。

托马斯大法官是联邦最高法院第二位非洲裔大法官，其所持立场属于保守派，也是"宪法原旨主义"的支持者。托马斯在庭审中极少提问，也基本不在公开媒体发表意见，因而被视为最高法院"最沉默"的法官。在同性恋平权问题上，其所持立场与斯卡利亚基本一致。

5. 阿利托大法官

塞缪尔·阿利托（Samuel Alito）大法官，1950年出生于新泽西州特伦顿市，先后毕业于普林斯顿大学和耶鲁大学法学院。1990年，他被老布什总统任命为第三巡回上诉法院法官。2005年奥康纳大法官辞职后，小布什总统提名阿利托作为继任者。

阿利托大法官被称为"保守派中的保守派"，其在同性恋平权问题立场上与罗伯茨、斯卡利亚、托马斯等保守派法官一致，在"美利坚合众国诉温莎案"以及本案中均持反对意见。

"奥伯格费尔诉霍奇斯案"判决作出后，在美国社会引起了巨大反响，除因案件本身的议题引人关注外，几位大法官意见的卓著文笔也功不可没。事实上，本案的几份法官意见语言风格各不相同，肯尼迪的谆谆教化、罗伯茨的缜密雄辩、斯卡利亚的犀利毒舌、托马斯的旁征博引均各有特色，在观点本身之外，也充分反映了几位大法官的鲜明个性。仅此一点，就使这份判决书颇值一读。

"奥伯格费尔诉霍奇斯案"为美国同性婚姻合法性问题的讨论画上了句号，也使全球范围内同性婚姻合法化的国家扩展到了22个。而及至2017年，随着作为大陆法系代表性国家的德国，以及我国台湾地区对同性婚姻的合法化，中国应当如何回应这一问题,也被日益紧迫地提上日程。目前来看,我国官方和民间对这一问题的看法尚不明确,相关的讨论也只是处于起步阶段。而从法教义学上看,严格来说我国《婚姻法》并未给出婚姻的明确定义,只是能从条文的文义解释中得出婚姻是"男女结合"的结论。可以预见,在不久的将来,我国也必然要面临是否承认同性婚姻的政策选择。2016年在湖南发生的广受社会关注的"同性婚姻维权第一案",似乎可以看做是"贝克诉尼尔森案"在中国的翻版。而美国的同性婚姻合法化的历程和经验,无疑是值得我们参考和借鉴的。

判决摘要

美国联邦最高法院

摘要

奥伯格费尔等诉霍奇斯（俄亥俄州卫生部部长）等

提审自美国第六巡回上诉法院

第 14-556 号 2015 年 4 月 28 日审理、

2015 年 6 月 26 日宣判[*]。

在密歇根、肯塔基、俄亥俄和田纳西州，婚姻被定义为一男一女的结合。本案的上诉人是十四对同性情侣以及两位同性伴侣离世的男士，他们向各自所在州的联邦地方法院提起诉讼，诉称州政府官员拒绝为他们办理结婚登记，或拒绝承认他们在外州合法缔结的婚姻效力，这种行为违反了宪法第十四修正案。地方法院支持了上诉人的诉求，但联邦第六巡回上诉法院在将上述案件合并审理后，推翻了原审判决。

判决如下：根据宪法第十四修正案，各州应当为同性伴侣办理结婚登记，并承认在外州合法缔结的同性婚姻的

---

[*] 第 14-562 号谭可等诉哈斯拉姆（田纳西州州长）等、第 14-571 号德波尔等诉斯奈德（密歇根州州长）等、第 14-574 号伯克等诉贝希尔（肯塔基州州长），提审自同一法院，一并审理。

效力。

（a）在进入对本案法律原则和先例依据的讨论前，我们有必要回顾一下本案涉及议题的发展历史。

（1）在历史上，婚姻被定义为两个异性的结合，这是本案的讨论源头。被上诉人认为，将婚姻扩展到同性结合的范畴，将是对长期存在的婚姻制度的贬损。但上诉人并非试图破坏既有的婚姻制度，他们敬仰着婚姻所带来的权利和责任，这一点可由他们的生活经历佐证。

（2）婚姻制度的发展史是一个兼具变与不变的过程。包办婚姻的衰落，"已婚妇女法"的弃用，都深刻改变了婚姻的内在结构，突破了许多在过去被视为理所当然的成见。新的社会认知的引入，非但没有削弱婚姻制度，反而增强了它的生命力。对婚姻内涵理解的改变，恰恰反映了在一国之内，对自由新的认知已经在当代深入人心。

这一过程在我国同性恋者权利发展的实践中也得到体现。直至20世纪，许多国家仍将同性相恋视为一种不道德的行为，甚至是一种疾病。20世纪末，随着文化和政策层面的实质性改观，同性情侣终于获得了更加开放和宽松的生活环境，这种转变引发了政府和民众的讨论，并改善了公众对同性恋者的态度。关于同性恋者权利的案件被诉至法院，并被作为正式的法律问题予以讨论。2003年，最高法院推翻了其在"鲍尔斯诉哈德威克案"（《美国判例汇编》第478卷，第186页）中的结论，判决以法律形式将同性性行为定性为犯罪，"这诋毁了同性恋者的人格"（参见"劳伦斯诉得克萨斯州案"，《美国判例汇编》第539卷，第558、575页）。2012年，联邦《保卫婚姻法案》被废除（"美利坚合众国诉温莎案"，《美国判例汇编》第570卷）。联邦法院和各州最高法院也受理了众多的同性婚姻案件。

（b）根据宪法第十四修正案，各州应当为同性伴侣办理结婚登记。

（1）第十四修正案的正当程序条款保障人的基本自由，这些自由包括了个人对自我身份的认同和信仰所做出的私密选择，是个人实现其尊严和自治的关键所在（参见"艾森斯塔特诉贝尔德案"，《美国判例汇编》第405卷，第438、453页；"格里斯沃尔德诉康涅狄格州案"，《美国判例汇编》第381卷，第479、484—486页）。法院应对潜在的基本权利予以理性地认定，以使国家对这些权利给予必要的尊重。这一过程中，历史和传统仅仅作为引导和约束涉案议题的参考，而不是绝对依据。当新的社会认知揭示了某项既有的法律限制与宪法的核心精神相冲突时，我们应当保护的是自由。

有鉴于此，本院一贯主张，婚姻权受宪法的保护。在"洛文诉弗吉尼亚州案"（《美国判例汇编》第388卷，第1、12页）中，禁止跨种族婚姻的法令被判决无效；在"特纳诉萨夫利案"（《美国判例汇编》第482卷，第78、95页）中，本院判定正在服刑的囚犯亦享有婚姻权。当然，这些案件都以异性婚姻为语境，正如1972年的"贝克诉尼尔森案"

(《美国判例汇编》第409卷，第810页）中的一句判决结论所指出的：将同性婚姻排除在婚姻外，不构成一个联邦层面的问题。但另一方面，更多的判例倾向于扩大宪法原则的保障范围（参见劳伦斯案，第574页）。法院在评估这些判例的理由和效力是否适用于同性婚姻时，也应当考量婚姻权长期受到保护的基本理由（参见艾森斯塔特案，第453—454页）。上述分析指向的结论是同性恋者应当享有婚姻权。

（2）四项原则和传统表明宪法对婚姻的基本保护应当适用于同性婚姻。第一项理由是，个人对婚姻的选择权，是实现个人自治的本质要求。婚姻与自由之间存在永恒的联系，这一点，正是洛文案中本院根据正当程序条款判决反异族通婚法无效的原因（参见《美国判例汇编》第388卷，第12页）。关于婚姻的决定是个人最为私密的决定之一（参见劳伦斯案，第574页），任何人皆是如此，无论其性取向为何。

第二项理由是，婚姻权是一项基本权利，因为结婚所带来的两人的结合关系，其重要性是任何其他个人关系所无法比拟的。这一点是"格里斯沃尔德诉康涅狄格州案"的核心判决理由——该案认为，宪法保障已婚夫妇采取避孕措施的权利（参见《美国判例汇编》第381卷，第485页）——并在特纳案（第95页）中也为法官所承认。同性情侣与异性情侣在性行为层面享有同等的权利，同性性行为不受刑事法律追究，但同性恋者的自由不应仅限于此（参见劳伦斯案，第567页）。

保护婚姻权的第三项理由是，婚姻是儿童和家庭的屏障，其对于与儿童相关的生育、抚养和教育权利意义重大（参见如"皮尔斯诉姐妹会案"，《美国判例汇编》第268卷，第510页）。没有婚姻提供的确定性、稳定性和可预测性，孩子们将会因为知道自己的家庭是不完整的，而感到耻辱。由未婚父母抚养的孩子，将遭受许多实质的利益损失，并要承担更加艰辛和不确定的家庭生活。当前的婚姻法对同性伴侣的子女造成了侮辱和伤害（参见温莎案，判决书第23页）。当然，这并不是说婚姻权对没有孩子的同性情侣就不重要。法律保护夫妻不生育的权利，生殖的能力或承诺不是婚姻权的条件。

最后一项理由是，婚姻是我们社会秩序的基石（参见"梅纳德诉希尔案"，《美国判例汇编》第125卷，第190、211页）。国家将婚姻制度放在了众多法律和社会秩序构建的核心地位，以促成了婚姻权基本特征的形成。在这一点上，同性婚姻与异性婚姻并无不同，然而，同性夫妇却无法沐浴婚姻的光辉，不能享有国家赋予婚姻的种种利益，并被置于一种异性伴侣所不能忍受的不稳定的结合状态。将同性恋者排斥在了一项社会核心制度之外，是对他们人格的贬损，因为他们同样向往婚姻的崇高意义。

将婚姻限定在异性范围，可能长期以来被视为是自然和正当的，但这一规则在实现婚姻权这一基本权利的核心价值时所表现出的矛盾，已经昭然若揭。

（3）同性情侣的婚姻权也可以从第十四修正案的平等保护原则中推出。正当程序条款和平等保护条款虽然各自构成独立的法律原则，但其在本质上是相互联系的。正当程序原则中所蕴含的权利和平等保护原则所保障的权利，虽然基于不同的法理，也并非总是共存，但在特定情形下，它们之间能够形成相辅相成的关系。这一点在洛文案中有所体现：法官同时引用了平等保护和正当程序条款；以及在"扎布洛茨基诉雷海尔案"（《美国判例汇编》第434卷，第374页）中，该案法官宣判一项禁止拖欠抚养费的父亲结婚的法律无效。事实上，新的社会认知能够揭示那些在我们社会的基础制度中、长期被我们所忽视的不公，因此本院曾引用平等保护原则废除了婚姻法中涉及性别歧视的法律（参见如"基希贝格诉芬斯特拉"案，《美国判例汇编》第450卷，第455页），并肯定了正当程序和平等保护原则之间的关系（参见如"M. L. B. 诉 S. L. J. 案"，《美国判例汇编》第519卷，第120—121页）。

法官承认了这两项宪法原则在同性恋者法律待遇问题上的内在联系（参见劳伦斯案，《美国判例汇编》第539卷，第575页）。这一机制对同性婚姻问题同样适用。本案中的涉案法律无疑限制了同性情侣的某种自由，并且也违反了平等保护的准则。涉案法律具有实质上的不平等：同性夫妇被排除在异性夫妇享有的利益之外，且被禁止行使他们的基本权利，考虑到社会对同性恋者结合的长期排斥，这种对其婚姻权的否认，无疑会造成严重而持续的伤害，是对同性恋者的极大的不敬和侮辱。

（4）婚姻权是一项反映公民自由本质的基本权利，并且根据宪法第十四修正案的正当程序和平等保护条款，同性情侣不得被剥夺该项权利和自由。同性情侣得行使其结婚的权利，"贝克诉尼尔森案"的判决结果应予废除，本案涉诉的各州法律中，涉及拒绝将异性婚姻法律条款适用于同性婚姻的，应属无效。

（5）本案的讨论中自始存在一种观点，认为本案的结论应当留待更多的立法、司法和民间讨论的实践积累后得出。但实际上，现有的研究、论文、专著和作品，各州法院和联邦法院大量的诉讼案件，已经使对同性婚姻问题的认识上升到了一个新的高度。虽然宪法教导我们民主程序才是对法律做出改变的恰当途径，但个人主张基本权利时，是无需等待立法措施的跟进的。鲍尔斯案的实际效果是导致各州纷纷采取行动否认同性恋者的基本权利，尽管该案最终被推翻，但在此过程中仍有许多人受到伤害，并且这种伤痛在鲍尔斯案被推翻后仍将长期留存在人们的记忆中。对同性婚姻的不利判决将带来同样的效果，并且也是对第十四修正案的违反。上诉人的故事表明他们的诉愿是如此急切，使本院深感有责任正视他们的诉求，回应他们的关切。被上诉人主张，允许同性婚姻将对婚姻制度造成损害，这种观点是建立在认为异性婚姻都是基于繁衍考虑的错觉之上。最后，宪法第一修正案保障教民信仰教义，以及传授那些对其生命和信仰极其重要的信条的权利。

（c）根据宪法第十四修正案，各州应当承认在外州合法缔结的同性婚姻的效力。既然同性夫妇在任何州都可以行使其婚姻权。那么一州拒绝承认在另一州缔结的合法同性婚姻，显然没有任何法律依据。

依据《美国判例汇编第三辑》第772卷，第388页，撤销原判。

肯尼迪大法官执笔本案判决，金斯伯格、布雷耶、索托马约尔、卡根大法官附议。罗伯茨大法官发表了异议意见，斯卡利亚、托马斯大法官附议。斯卡利亚发表了异议意见，托马斯大法官附议。托马斯大法官发表了异议意见，斯卡利亚大法官附议。阿利托大法官发表了异议意见，斯卡利亚、托马斯大法官附议。

判决书主文

美国联邦最高法院

第 14-556、14-562、14-571、14-574 号

14-556 上诉人詹姆斯·奥伯格费尔等诉理查德·霍奇斯（俄亥俄州卫生部部长）等

14-562 上诉人瓦莱里娅·谭可等诉比尔·哈斯拉姆（田纳西州州长）等

14-571 上诉人艾普罗·德波尔等诉里奇·斯奈德（密歇根州州长）等

14-574 上诉人格里高利·伯克等诉斯蒂文·贝希尔（肯塔基州州长）

提审自美国第六巡回上诉法院

[2015 年 6 月 26 日]

肯尼迪大法官执笔本院意见。

宪法保障受其管辖的一切人的自由，这种自由包含了每个人在法律领域定义和表达自己身份的权利。对本案中的上诉人而言，他们实现这种自由的方式，是与其同性伴侣缔结婚姻，并使这种婚姻获得与异性婚姻同等的法律对待。

I

本案来自于密歇根、肯塔基、俄亥俄和田纳西州，在这些州，婚姻被定义为一男一女的结合（参见《密歇根州宪法》第1条第25款；《肯塔基州宪法》第233A条；《俄亥俄州法典》第3101-01条；《田纳西州宪法》第11条第18款）。本案的上诉人是十四对同性情侣以及两位同性伴侣离世的男士，本案的被上诉人是执行本案所涉法律的州政府官员。上诉人诉称，被上诉人拒绝赋予其结婚的权利，或拒绝承认其在外州缔结的合法婚姻的效力，这一行为违反了宪法第十四修正案。

上诉人在其各自州的地方法院提起诉讼，地方法院均支持了上诉人的请求，案件判决参见附录A。被上诉人向第六巡回上诉法院提起上诉，第六巡回上诉法院在将上述案件合并审理后，推翻了原审判决（"德波尔诉斯奈德案"，《联邦判例汇编第三辑》第772卷，第388页，2014）。上诉法院认为，依据宪法，各州并没有为同性婚姻办理登记或承认外州缔结的同性婚姻的义务。

据此，上诉人要求本院提审。本院在复审案件后，将该案的争议归结为两点(《美国判例汇编》第574卷,2015)。第一,密歇根和肯塔基州案件的争议点在于,根据宪法第十四修正案,各州是否应当为同性婚姻办理登记;第二,俄亥俄、田纳西和肯塔基州案件的争议点在于,根据宪法第十四修正案,各州是否应当承认在外州缔结的合法同性婚姻的效力。

II

在进入对本案法律原则和先例依据的讨论前，我们有必要回顾一下本案涉及议题的发展历史。

A

从古至今，婚姻在人类的发展历史中始终具有重大的意义。无论是何种身份，男女间相伴终生的结合，都是人们获得高尚和尊严的源泉。对于信仰宗教的人而言，婚姻是神圣的；对于在世俗生活中寻求生命意义的人而言，婚姻充实了他们的人生。婚姻使两个人获得永远无法在独处中得到的生活体验，因为婚姻的结合是凌驾于两个个体之上的存在。婚姻源自人类最基本的需求，满足了我们内心最深处的渴求和希冀。

正是由于婚姻对人类的生存如此重要，婚姻制度也就理所当然地在数千年的文明发展中长期存在。早在远古，婚姻就有使陌生人成为亲属，从而维系家庭和社会的功能。孔子曰："礼，其政之本也。"（《礼记》，理雅各译，1967年版，第266页。）其教诲至今回响。在大陆的另一端，西塞罗写道:"社会的纽带首先在婚姻,其次在亲子,而后在家庭。"(《论义务》,米勒译,1913年版,第57页。)穿越不同的时代、文化与信仰,从宗教、哲学到艺术、文学,无数的文献和作品讴歌着婚姻的美好。当然有必要指出,这些对婚姻的赞美,是建立在将婚姻理解为异性结合的基础之上的。

历史是本案的讨论源头,而被上诉人认为,历史也足以终结本案的讨论。他们认为,将婚姻的定义和法律属性扩展到同性结合的范畴,是对长期存在的婚姻制度的贬损。在被上诉人看来,婚姻的本质就是由一男一女、基于性别差异形成的结合,而无论是过去还是现在,这一点都为全世界真诚和理性的人们所信奉着。

上诉人也承认上述历史,但他们并不认为讨论应当就此完结。如果上诉人的请求旨在贬损和推翻对婚姻的既有认知和制度现状,则本案也许将另当别论,但实际上,这并非上诉人的意图,也与他们的论点不符。相反,上诉人的诉求暗含着对婚姻重要性的高度认可,这甚至是其全部论点的核心。上诉人并非想要破坏婚姻制度,而是想寻求婚姻的庇护,因为他们对婚姻所带来的权利和责任是如此敬仰和渴求,而他们的天性又决定了,只有婚姻才能使他们真正得到这种灵魂深处的结合。

回顾本案中的三起案情,我们就可以理解上诉人为何如此急切。詹姆斯·奥伯格费尔,俄亥俄州案件中的原告,在20年前与约翰·亚瑟相遇,他们彼此坠入爱河,持久而忠诚地生活在一起。2011年，亚瑟被诊断为患有肌萎缩侧索硬化症（ALS）。这种使人衰弱的疾病是渐进的，且目前无法医治。两年前，奥伯格费尔和亚瑟决定彼此承诺终身，在亚瑟离世前结为夫妇。为了完成这个约定，他们专程从俄亥俄州赶到同性婚姻已经合法化的马里兰州。由于亚瑟行动困难，他们是在停靠于巴尔的摩的一架医用运输飞机上完成了期待已久的婚礼。三个月后，亚瑟过世，俄亥俄州法律却不允许将奥伯格费尔列为亚瑟死亡证明上的配偶。由于州法的强制干涉，在死别之后，他们只能保持着非亲属的关系，而奥伯格费尔也将"在余生中饱受折磨"（上诉状第38页）。因此，他提起诉讼，要求在亚瑟的死亡证明中，将自己列为亚瑟的配偶。

艾普罗·德波尔和简·劳思是密歇根州案件中的共同原告，她们在2007年举行了确立彼此为终身伴侣的仪式。她们都是护士，德波尔在妇产科工作，劳思在急救科工作。2009年，德波尔和劳思先后领养了两个男婴，其中后一个男婴是被亲生母亲抛弃的早产儿，需要24小时不间断的护理。第二年，又有一个身体有特殊缺陷的女婴加入了他们的家庭。然而，密歇根州法律规定，只有异性夫妇和独身者可以领养儿童，因此这个家庭的每一个孩子，都只能选择这对情侣中的一人来作为他们的至亲。而一旦出现紧急情况，学校和医院也只能将他们作为单亲家庭的子女对待。因此，德波尔和劳思不得不面临这样的悲剧，即她们中的一人将无法对孩子享有法律上的亲属权。因此，这对情侣请求消除因无法结婚而给其家庭生活带来的不确定性。

预备役三级军士长伊基·德科和他的伴侣托马斯·考斯特拉是田纳西州案件中的共同原告。2011年，德科受命前往阿富汗。临行前，他和考斯特拉在纽约举行了婚礼。一周后，德科开始了其长达近一年的海外任务。回国后，德科获得了在田纳西为预备役部队工作的职位，两人也定居在了田纳西。然而在田纳西州，他们的合法婚姻是不被承认的，他们的婚姻效力，取决于他们身处哪个州境内。德科，这位为捍卫宪法赋予的自由而为国奉献的军官，却要为自己的婚姻效力问题背负沉重的心理负担。

本案中还涉及其他一些上诉人的经历，他们的故事表明，他们的诉求绝不是要玷污婚姻制度，他们只是想借助婚姻的纽带，过上正常的生活，或是守护与其伴侣的珍贵记忆。

B

婚姻制度的核心内容虽然亘古未变，但其存在绝非独立于法律和社会的发展之外。婚姻制度的历史是一个兼具变与不变的过程。即使将婚姻定义为异性间的结合，其内涵也是随时代而不断发展的。

例如，曾几何时，婚姻一度是由家长基于政治、宗教和经济因素的考量而一手包办的。但到建国时期，人们已经意识到婚姻是由一男一女自愿缔结的契约（参见科特：《共和誓言：关于婚姻与国家的历史》，2000年版，第9—17页；昆茨：《婚姻的历史》，2005年版，第15—16页）。随着妇女社会角色和地位的转变，婚姻制度也持续发展。在被奉行了几百年的"已婚妇女法"准则下，国家在法律上是将已婚夫妇视为一个由男性主导的个体（参见布莱克斯通：《英国法释义》，1765年版，第430页）。但此后，妇女逐渐获得了法律权利、政治权利和财产权利，社会也意识到妇女享有平等的人格尊严，因此"已婚妇女法"遭到了废除（参见《关于婚姻历史的法庭之友意见》，第16—19页）。在过去几个世纪，包括以上变革在内的婚姻制度的种种发展，并不仅仅是对婚姻制度的肤浅改造，毋宁说，它们已经深刻改变了婚姻的内在结构，突破了许多在过去被视为理所当然的成见（参见科特：《共和誓言：关于婚姻与国家的历史》，2000年版；昆茨：《婚姻的历史》，2005年版）。

新的社会认知的引入，非但没有削弱婚姻制度，反而增强了它的生命力。事实上，对婚姻内涵理解的改变，恰恰反映了在一国之内，对自由的新认知已经在当代深入人心，而这种改变，往往发端于细小的诉求与抗争，并最终被纳入政治议题和司法程序中讨论。

这一过程在我国同性恋者权利发展的实践中也得到体现。直至20世纪中叶，在大多数西方国家，同性恋都被视为一种不道德的行为，甚至被视为刑事犯罪。因此，在公众眼中，同性恋群体是没有尊严的，同性恋者不敢道出内心的真实想法。即使在"二战"后，同性恋者的健全人格越来越受到人们的认可，其维护尊严的正当主张，仍被视为是有违法律和社会习俗的。在许多州，同性性行为仍被视为犯罪。同性恋者不得被政府雇佣，不得参军，不受移民法保护，他们被警察针对，在社会交往中权利处处受限（参见《美国历史学家协会法庭之友意见》第5—28页）。

此外，在20世纪的大部分时间，同性恋还被视为一种疾病。1952年，美国精神病学协会首次出版了精神障碍诊断与统计手册，其中同性恋被列为一种心理疾病，并被一直保留到1973年（参见《关于同性恋与民事权利的立场说明》，《精神病学学刊》第131期，第497页，1974）。直到近年来，包括精神病医师在内的许多人才意识到，性取向是发生在人类身上的一种自然现象，且不能被后天更改（参见《美国精神病学协会法庭之友意见》，第7—17页）。

在20世纪末，随着文化和政策层面的实质性改观，同性情侣终于获得了更加开放和宽松的生活环境，并开始组建家庭。这种转变引发了上至政府下至民众的广泛讨论，并使公众对同性恋者的态度逐渐趋向宽容。由此，不久以后，关于同性恋者权利的案件被诉至法院，并被作为正式的法律问题予以讨论。

在"鲍尔斯诉哈德威克案"（《美国判例汇编》第478卷，第186页，1986）中，本院首次对同性恋者的法律待遇问题进行了深入探讨。在该案中，本院判决佐治亚州将同性性行为视为犯罪的法律并不违宪。10年后，在"罗莫诉埃文斯案"（《美国判例汇编》第517卷，第620页，1996）中，本院宣告了科罗拉多州一项宪法修正案无效，该修正案旨在阻止州内的一切职能机构将同性恋者作为不被歧视的受保护群体对待。其后，在2003年，本院又推翻了鲍尔斯案的判决结果，并认为，以法律形式将同性性行为定性为犯罪，"这诋毁了同性恋者的人格"（参见"劳伦斯诉得克萨斯州案"，《美国判例汇编》第539卷，第558、575页）。

在这一背景下，同性婚姻的合法性问题也逐渐引起了关注。1993年，夏威夷最高法院认为，夏威夷州法律将婚姻限定为异性结合，这是一种对公民基于性别差异的区别对待，因此应当受到夏威夷州宪法的严格监督（参见"贝尔诉卢因案"，《夏威夷州法院判例汇编》第74卷，第530页；《太平洋地区判例汇编第二辑》第852卷，第44页）。尽管这一判决并未明确使同性婚姻合法化，但其引发了其他一些州的警惕，这些州纷纷重申本州法律内的婚姻仍仅限于异性结合。由此，在1996年，国会通过了《保卫婚姻法案》（DOMA），申明在一切联邦法律中，婚姻仅指"一男一女以夫妻形式在法律上形成的结合"（《美国法典》第1编，第7条）。

这一广受争议的议题在另一些州则得出了完全不同的结论。2003年，马萨诸塞州最高法院判定州宪法保障同性情侣结婚的权利（参见"古德里奇诉公共卫生部案"，《马萨诸塞州法院判例集》第440卷，第309页；《西北地区判例汇编第二辑》第798卷，第941页，2003）。此后，又有一些州通过司法裁决或立法，保障了同性恋者的婚姻权。具体参见附录 B。两年前，在"美利坚合众国诉温莎案"（《美国判例汇编》第 570 卷，2013）中，本院废除了 DOMA 法案的部分内容，以明确对于已经在各州合法登记缔结的同性婚姻，联邦政府不应认定其为无效。并且本院认为，DOMA 法案对于那些"想要在孩子、其他家人、朋友和邻居面前，展现其对伴侣的忠实承诺"的同性情侣，造成了不可容忍的伤害。（同上，判决书第 14 页。）

近年来，联邦上诉法院受理了大量关于同性婚姻的案件。法官们本着恪尽职守、严格中立的司法态度，严肃而公正地作出了他们的评论，并撰写了大量判决意见，综合考虑了有关本议题的方方面面。这些案例对于本案的法律依据的形成和解释，颇有助益。除了本案和"平等保护公民组织诉布鲁宁案"（《联邦判例汇编第三辑》第 455 卷，第 859、864—868 页，2006），在其他案件中，联邦上诉法院都认为禁止同性情侣结婚是违宪的。一些地方法院也为同性婚姻问题提供了有益的观点，其中大部分也认为同性恋者有权缔结婚姻。此外，不少州最高法院通过对本州宪法的解释，推动了本议题的讨论。以上各州和联邦司法机关的观点，可参见附录 A。

在经过多年的诉讼、立法、投票和辩论后，我们可以说，在同性婚姻合法性问题上，美国社会发生了分裂（参见马里兰州总检察长办公室：《美国各州的婚姻平权状况》，2015 年版）。

III

根据宪法第十四修正案的正当程序条款,"未经正当法律程序",各州不得"剥夺任何人的生命、自由和财产"。该条款所保护的基本权利涵盖了权利法案中列举的绝大多数权利(参见"邓肯诉路易斯安那州案",《美国判例汇编》第391卷,第145、147—149页,1968)。并且,这些自由包括了个人对自我身份的认同和信仰所做的私密选择,是个人实现其尊严和自治的关键所在(参见"艾森斯塔特诉贝尔德案",《美国判例汇编》第405卷,第438、453页,1972;"格里斯沃尔德诉康涅狄格州案",《美国判例汇编》第381卷,第479、484—486页,1965)。

对基本权利的认定和保护,是司法机关对宪法进行解释时所要承担的艰巨责任之一。这种责任,"不屈从于任何准则"("波诉乌尔曼案",《美国判例汇编》第367卷,第497、542页,1961,哈伦大法官异议意见)。并且,法院还应对潜在的基本权利予以理性地认定,以使国家对这些权利给予必要的尊重(参见同上)。在这一过程中,法官遵循的思路,应当与对其他宪法条款的分析路径一致,即从大的原则上入手，而非拘泥于小节。历史和传统仅仅作为引导和约束涉案议题的参考，而不是绝对依据（参见劳伦斯案，第572页）。这种路径尊重和借鉴历史，但并不单纯以过去的结论来解决现在的问题。

不公正的一个特质，在于其虽然时时存在，但我们却常不自知。起草和通过权利法案以及第十四修正案的人们，未曾预想到自由发展的所有维度，所以他们赋予后来人一项特权，以使我们能够基于对自由的新理解，来保障所有人的正当权利。当新的社会认知揭示了某项既有的法律限制与宪法的核心精神相冲突时，我们应当保护的是自由。

有鉴于此，本院一贯主张，婚姻权受宪法的保护。在"洛文诉弗吉尼亚州案"（《美国判例汇编》第388卷，第1、12页，1967）中，禁止跨种族婚姻的法令被判决无效，并且法官们无异议地指出，婚姻权是"一个以合法手段追求幸福的自由人，所拥有的最重要的个人权利之一"。在"扎布洛茨基诉雷海尔案"（《美国判例汇编》第434卷，第374、384页，1978）中，本院重申了关于婚姻权的上述观点，判定法律不得以拖欠抚养费为由，限制一个人结婚的权利。在"特纳诉萨夫利案"（《美国判例汇编》第482卷，第78、95页，1987）中，本院以同样的依据，判定正在服刑的囚犯，其结婚的权利不受监狱管理规范的限制。在其他案件中，本院也三令五申，强调了婚姻权是受正当程序条款保护的基本权利（参见"M. L. B. 诉. S. L. J. 案"，《美国判例汇编》第

519卷，第102、116页，1996；"克利夫兰教育委员会诉拉弗勒案"，《美国判例汇编》第414卷，第632、639—640页，1974；格里斯沃尔德案，第486页；"斯金纳诉俄克拉荷马州案"，《美国判例汇编》第316卷，第535、541页，1942；"梅耶诉内布拉斯加州"案，《美国判例汇编》第262卷，第390、399页，1923）。

当然，上述案件都是在异性婚姻的语境下讨论婚姻权。本院也与其他组织机构一样，受到特定时空下既有认知的局限。例如在1972年的"贝克诉尼尔森案"（《美国判例汇编》第409卷，第810页）中，这种局限性表现得至为明显，本院对该案只给出了一句话的判决结论，即认为：是否将同性婚姻排除在婚姻定义之外，不构成一个联邦层面的法律问题。

当然，对本案具有参考意义的判例不止于此。本院的一些判决的立场表明，宪法原则的保障范围是可以被扩张的。在以下案件中，法官从历史因素、传统因素，以及宪法所保障的人们对亲密关系所享有的自由等角度，定义了婚姻权的属性（参见劳伦斯案，第574页；特纳案，第95页；扎布洛茨基案，第384页；洛文案，第12页；格里斯沃尔德案，第486页）。而法院在评估这些判例的理由和效力是否适用于同性婚姻时，也应当尊重婚姻权长期受到保护的基本理由（参见艾森斯塔特案，第453—454页；波案，第542—553页，哈伦大法官异议意见）。

上述分析指向的结论是，同性恋者应当享有婚姻权。以下四项原则和传统，表明宪法对婚姻的基本保护，应当适用于同性婚姻。

第一项理由是，个人对婚姻的选择权，是实现个人自治的本质要求。婚姻与自由之间存在永恒的联系，这一点，正是洛文案中本院根据正当程序条款判决反异族通婚法无效的原因（参见《美国判例汇编》第388卷，第12页）。扎布洛茨基案同理（参见该案第384页，其重申了洛文案中"婚姻权是所有人最为重要的基本权利"的观点）。宪法保障人们关于避孕、处理家庭关系、生育和抚养子女的自由选择，而关于婚姻的选择与上述选择一样，都属于个人最为私密的决定之一（参见劳伦斯案，第574页）。事实上，本院已经注意到，"如果我们保障了与家庭生活相关的各种私人权利，却不保障作为上述权利基础的组成家庭关系的权利"，这无疑是自相矛盾的（参见扎布洛茨基案，第386页）。

对婚姻的选择关乎一个人的命运。正如马萨诸塞州最高法院所指出的，因为"婚姻饱含了我们对安定的渴望，它是我们的庇护所，是人类天性的表达，婚姻如此神圣，关乎婚姻的选择，是我们人生中最为重大的决定之一"（古德里奇诉公共卫生部案，《马萨诸塞州法院判例集》第440卷，第322页；《西北地区判例汇编第二辑》第798卷，第955页）。

婚姻的本质，是在长久的结合中，夫妻二人共同实现自身的自由，例如表达的自由、性的自由，以及精神的自由。

婚姻的这种本质，对所有人都是一样的，无关性取向（参见温莎案，《美国判例汇编》第570卷，判决书第22—23页）。两个性别相同的人相互结合，自主地作出结婚这一重大抉择，这是人格尊严的体现（同见于洛文案，第12页，"是否选择与另一种族的人结婚是一个人的自由，国家不得干涉"）。

第二项理由是，婚姻权是一项基本权利，因为结婚所带来的两人的结合关系，其重要性是其他任何个人关系所无法比拟的。这一点也是"格里斯沃尔德诉康涅狄格州案"的核心判决理由，该案认为，宪法保障已婚夫妇采取避孕措施的权利（参见《美国判例汇编》第381卷，第485页），并认为婚姻权是一项"比《权利法案》还要古老的"权利。格里斯沃尔德案是这样描述婚姻的：

> 婚姻是这样一种结合，无论日子过得是好是坏，夫妻二人总愿亲密无间，长相厮守，直至永恒。婚姻是一种生活方式，而非社会事务；它关乎人生幸福，无涉政治信仰；它只在意彼此的忠诚，并不索取名利。婚姻，以及我们选择婚姻的决定，都是出于高贵的目的。（同上，第486页。）

在特纳案中，本院再一次确认了这种亲密关系应受法律保护，判决囚犯不得被剥夺结婚的权利，因为对囚犯而言，他们的婚姻关系同样属于婚姻权这一基本权利的保护范畴（参见《美国判例汇编》第482卷，第95—96页）。婚姻权使那些"愿意对彼此承诺终身"的情侣们显得更为神圣。（温莎案，判决书第14页）。由于婚姻的存在，我们不必害怕孤身一人，起身呼喊却得不到回应。它让人们因彼此的陪伴而获得希望，并使我们确信，只要夫妻二人都还健在，自己就永远不会被世界所遗弃。

如劳伦斯案的结论，同性情侣与异性情侣在性行为方面享有同等的权利。劳伦斯案废除了将同性性行为视为犯罪的法令，并指出"当我们钟情于与特定对象的性爱，那么性本身只是维持这一长期个人关系的因素之一"（《美国判例汇编》第539卷，第567页）。尽管劳伦斯案确认了同性性行为不受刑事法律追究，但同性恋者的自由不应仅限于此。从明令禁止到置之法外，这是一种进步，但并没有完全实现同性恋者的自由。

保护婚姻权的第三项理由是，婚姻是儿童和家庭的屏障，其对于与儿童相关的生育、抚养和教育权利意义重大（参见"皮尔斯诉姐妹会案"，《美国判例汇编》第268卷，第510页，1925；梅耶案，《美国判例汇编》第262卷，第399页）。本院认为，上述这些权利应当是一体的："结婚、建立家庭和抚养子女的权利是自由的一项内容，受到正当程序条款的保护。"（扎布洛茨基案，第384页，引自梅耶案，第399页。）而在一些州法中，婚姻对儿童和家庭的保护也是实质性的。并且，婚姻的重大意义还在于，其对父母关系的确认和法律架构，使孩子们能够"认识到他们的家庭是完整和亲密的，他们的家庭生活是幸福和谐的"（温莎案，判决书第23页）。婚姻同时也为子女利益的维护提供长久稳定的保障（参见《研究儿童宪法权利的学者的法庭之友意见》，第22—27页）。

毋庸置疑，许多同性情侣正在尽职尽责地抚养他们的子女，尽管其中一些人与他们的孩子并无血缘关系。如今，成千上万的儿童生活在同性情侣的家庭中（参见《加里·盖茨的法庭之友意见》，第4页）。大多数州都允许同性恋者收养子女，其中很多是以同性父母的方式进行收养（参见同上，第5页）。这可以视为法律本身对同性恋者可以建立充满慈爱和保障的家庭的有力承认。

将同性恋者排除在婚姻之外，与婚姻权的核心前提是相违背的。没有婚姻提供的确定性、稳定性和可预测性，孩子们将会因为知道自己的家庭是不完整的而感到耻辱。并且，由未婚父母抚养的孩子，也将承受许多实质的利益损失。考虑到孩子们虽然没有过错，却要担负起更加艰辛和动荡的家庭生活，这对他们而言无疑是不公平的。在这个问题上，当前的婚姻法的确对同性伴侣的子女造成了侮辱和伤害（参见温莎案，判决书第23页）。

当然，这并不是说婚姻权对没有孩子的同性情侣就不重要。在任何州，生殖的能力、意愿或承诺都不是婚姻的必要条件。过往的判例表明,法律保护夫妻不生育的权利,因此法院和政府也从来不以生育能力和承诺来定义婚姻权。宪法保障婚姻权的多个方面,生育和抚养子女只是其中之一。

最后一项理由是,本院的既有判决和本国的传统表明,婚姻是我们社会秩序的基石。托克维尔在两百年前周游美国时就曾写道:

> 世界上没有哪个国家像美国这样如此重视婚姻这一纽带……当一个美国人从公共生活的繁杂中脱身,回到家庭的怀抱中,他总能找到秩序和平静……然后,他又会将这种秩序和平静,带回到他的公共事务中。(《论美国的民主》,里夫译,1990年版,第309页。)

在"梅纳德诉希尔案"(《美国判例汇编》第125卷,第190、211页,1888)中,法院援引了托克维尔的思想,解释道:"婚姻是家庭和社会的基础,没有婚姻,就没有文明和进步。""婚姻长期以来都是一项伟大的公共制度,它赋予了我们市民生活的各种特征。"(同上,第213页。)这一观点已经被反复强调,即使婚姻制度在长期发展中已经发生了实质改变,家长同意、男尊女卑、种族相同等已不再被视为婚姻成立的基本前提(参见科特:《共和誓言》),婚姻仍然是构建我们社会的基本单元的要素。

因此,正如夫妻双方要宣誓彼此扶持,社会也应当保证支持这些夫妻,给予他们形式上的认可和实质上的帮助,以呵护和培养这种结合。事实上,由于各州对已婚人士的权益进行了各种规定,婚姻已经成为许多法定权利、利益和责任的形成基础。配偶地位在以下规则中具有重要影响:税法,继承和财产权,法定继承规则,证据法上的配偶特权,医疗探视权,医疗决策权,收养权,遗属权益,出生和死亡证明,职业伦理规则,竞选资金限制,工人补偿福利金,医疗保险,以及儿童监护、抚养和探望规则等(参见《联邦政府法庭之友意见》,第6—9页;《美国律师协会法庭之友意见》,第8—29页)。超过一千条的联邦法律也是以有效的婚姻状态作为规范形成的依据(参见温莎案,判决书第15—16页)。国家将婚姻制度放在了众多法律和社会秩序构建的核心地位,这进一步促成了婚姻权作为基本权利这一特征的形成。

在上述层面上,同性婚姻与异性婚姻并无不同。然而,同性夫妻却被排除在婚姻制度之外,这使他们无法沐浴婚姻的光辉,不能享有国家赋予婚姻的种种利益。由此对他们造成的精神伤害,更甚于对他们的实质负担:同性伴侣被迫处于一种不稳定的结合关系中,这种状态是很多异性伴侣所不能忍受的;而由于国家赋予了婚姻极为神圣的意义,使其无比珍贵,因此将同性恋者排除在婚姻之外,似乎是在表达同性恋者是低人一等的,他们的尊严是不受重视的。国家将同性恋者排斥在了一项社会核心制度之外,贬损着他们的人格。而且不要忘了，同性夫妇同样热切向往着婚姻的卓越荣光，渴望践行婚姻最高尚的意义。

将婚姻限定在异性范围，可能长期以来被视为是自然和正当的，但这一规则在实现婚姻权这一基本权利的核心价值时所表现出的矛盾，已经昭然若揭。有鉴于此，我们必须认识到将同性恋者排除在婚姻之外，将会使他们承受侮辱和伤害，而这恰恰是为我们的基本宪章所禁止的。

被上诉人辩称，本案的正确解决思路并不在于此。被上诉人援引了以对基本权利的"谨慎描述"著称的"华盛顿诉格拉斯伯格案"（《美国判例汇编》第521卷，第702、721页，1997），他们认为，上诉人所要求行使的并非婚姻权这种基本权利，而是一种新型的、并不存在的"同性婚姻权"（参见被上诉人答辩状，第8页）。格拉斯伯格案的确坚持认为正当程序条款保护的自由，应当是以特定的历史实践为依托，且以最为谨慎的方式来定义。但这种路径也许适合于该案涉及的权利（医疗协助自杀的问题），却与本案中讨论的与婚姻和性相关的基本权利并不相干。洛文案不是主张"跨种族婚姻权"；特纳案不是主张"囚犯婚姻权"；扎布洛茨基案不是主张"未付清抚养费的父亲的婚姻权"。相反，这些案件涉及的都是一种综合意义上的婚姻权，探讨的是我们是否有正当的理由，来排除部分人群的结婚权利（同见于格拉斯伯格案，第752—773页，苏特大法官并存意见；第789—792页，布雷耶大法官并存意见）。

上述原理在本案中同样适用。一项权利不是由某个主张权利者的具体情况来定义的，否则既有的实践就只能作为这一个人享有权利的正当理由，并且一旦权利被否认，其他人也将无法主张这种权利。本院在关于婚姻权以及同性恋者权利的案件中，已经指出了这一点（参见洛文案，第12页；劳伦斯案，第566—567页）。

从历史和传统上看，婚姻权是一项基本权利。但权利不仅仅来源于历史，根据时代特征，对于那些宪法所必须保护的紧迫的自由，随着人们对其定义的理解的加深，权利也得到了发展。很多人抵制同性婚姻，是基于那些被他们视为圭臬的宗教和哲学理由，我们尊重他们以及他们的信仰。但当这种真诚的个人信仰转变为法律和公共政策时，就会使另一部分人的自由受到侵犯，人格遭遇贬损。同性夫妇依据宪法，要求法律对其婚姻予以承认，如果否认这项权利，那就意味着他们的选择是不被人尊重的，他们的人格是不受重视的。

同性情侣的婚姻权属于第十四修正案保护的自由的范畴，并且也可以从该修正案的平等保护原则中推出。正当程序条款和平等保护条款虽然各自构成独立的法律原则，但其在本质上是相互联系的。正当程序原则中所蕴含的权利和平等保护原则所保障的权利，虽然基于不同的法理，也并非总是共存，但在特定情形下，它们之间能够形成相辅相成的关系。在某个具体案件中，单一条款更适于准确且全面地捕捉一项权利的本质,而两项条款的合力更有利于对权利进行定位和定性(参见 M. L. B 案,第 120—121、128—129 页,肯尼迪大法官并存意见;"比尔登诉佐治亚州案",《美国判例汇编》第 461 卷,第 660、665 页,1983)。对上述两项原则的共同阐释,将有助于我们理解这里所涉及的自由的本质。

本院涉及婚姻权的其他几项判决,就反映了上述机制。在洛文案中,本院判决禁止跨种族婚姻的法令无效,是基于平等保护条款和正当程序条款的共同运用。首先,基于法律对跨种族夫妇的平等保护,该法令应属无效。判决书写道:"毫无疑问,仅仅基于种族不同而限制结婚自由,这显然违背了平等保护条款的基本内容。"(《美国判例汇编》第 388 卷,第 12 页。)由此,判决书进一步指出这项法令对正当保护原则的侵犯:"根据种族区分这项毫无根据的理由,否认一项基本自由,如此直接地破坏作为第十四修正案核心内容的平等原则,这无疑是在未经正当程序的前提下对公民自由的剥夺。"(同上)对禁止跨种族婚姻给人们带来伤害的理解的加深,也使得将婚姻权视为一项基本权利的理由更加清晰和充分。

在扎布洛茨基案中,两项条款的合力作用进一步展现。如前文所述,该案中的涉诉法律规定未付清抚养费的父亲未经批准不得结婚,而本院援引了平等保护条款,作为判决该法律无效的依据。在判决中,法官指出该法律涉及一项"具有基础性意义"的权利,这构成了平等保护原则适用的依据(《美国判例汇编》第434卷,第383页)。扎布洛茨基案的判决书以大量篇幅讨论了婚姻权的本质,而正是婚姻权的存在,使得涉诉法律明显违背了平等保护原则。在该案中,平等保护原则和正当程序原则,给予了彼此有力的支持。

事实上,在对平等保护条款的解读中,法官已经认识到,新的社会认知能够揭示在我们社会的基础制度中那些长期被我们所忽视的不公。不久以前,在20世纪70、80年代的婚姻法领域,这一现象就曾发生。直至20世纪中叶,尽管"已婚妇女法"逐渐没落,婚姻中的性别歧视仍广泛存在(参见"里德诉里德案"上诉状,该案可视为关于1971年法律是如何不公平地对待婚姻中的女方的一项例证)。这种性别歧视,拒绝承认男人和女人的平等尊严。例如,在1971年,某州法仍规定:"丈夫是一家之主,妻子服从于丈夫;妻子的法律权利包含于丈夫的权利之中,除非法律承认其独立地位,否则其利益不受法律的独立保护。"(《佐治亚州法典》1935年版,第53—501条。)而根据新的社会认知,本院援引平等保护原则,废除了婚姻法中涉及性别歧视的法律(参见"基希贝格诉芬斯特拉案",《美国判例汇编》第450卷,第455页,1981;"温格勒诉德拉基斯公司案",《美国判例汇编》第446卷,第142页,1980;"加里法诺诉威斯科特案",《美国判例汇编》第443卷,第76页,1979;"奥尔诉奥尔案",《美国判例汇编》第440卷,第268页,1979;

"加里法诺诉戈德法布案",《美国判例汇编》第430卷,第199页,1977;"维恩伯格诉维森费尔德案",《美国判例汇编》第420卷,第636页,1975;"弗朗蒂罗诉理查森案",《美国判例汇编》第411卷,第677页,1973等)。与洛文案和扎布洛茨基案一样,这些判例表明平等保护条款能够发掘和纠正婚姻制度中的不公,维护宪法所保障的自由和平等价值。

还有一些案件也反映了上述两个原则间的联系。在"M. L. B. v. S. L. J.案"中,法官援引正当程序和平等保护原则,判决一项要求贫困母亲付费以终止其亲权的法令无效(参见《美国判例汇编》第519卷,第119—124页)。在"艾森斯塔特诉贝尔德案"中,法官援引上述两项原则,判决一项仅针对未婚人士的禁止派发避孕用品的法令无效(参见《美国判例汇编》第405卷,第446—454页)。在"斯金纳诉俄克拉荷马州案"中,法官根据这两项原则,判决一项允许对惯犯进行绝育的法令无效(参见《美国判例汇编》第316卷,第538—543页)。

在劳伦斯案中,法官承认了这两项宪法原则在同性恋者法律待遇问题上的内在联系(参见《美国判例汇编》第539卷,第575页)。虽然该案是以正当程序条款来组织判决理由,但法官也承认了州法将同性性行为视为犯罪,是对平等保护原则的违反,并试图对其进行修正(参见同上)。因此,劳伦斯案同样是援引了上述两项条款来定义和保障同性恋者的权利，并指出各州"无权通过将同性恋者的性行为定性为犯罪，来蔑视他们的存在，或控制他们的命运"（同上，第578页）。

这一机制对同性婚姻问题同样适用。很明显，本案中的涉案法律限制了同性情侣的某种自由，并且必须承认，其也违反了平等保护的准则。在本案中，被上诉人实施的婚姻法规具有实质上的不平等：同性夫妇被排除在异性夫妇享有的利益之外，且被禁止行使他们的基本权利。由此，考虑到社会对同性恋者结合的长期排斥，这种对其婚姻权的否认，无疑会对同性恋者造成严重而持续的伤害。这种对同性恋者权利的剥夺，是对他们极大的不敬和侮辱。平等保护条款，和正当程序条款一样，不应允许这种对婚姻基本权利的损害（参见扎布洛茨基案，第383—388页；斯金纳案，第541页）。

由此，我们可以得出结论，婚姻权是一项反映自由本质的基本权利，并且，根据宪法第十四修正案的正当程序和平等保护条款，同性情侣不得被剥夺该项权利和自由。本院判决，同性情侣得行使其结婚的权利，该项自由不得被干涉。"贝克诉尼尔森案"的判决结果应予废除，本案涉诉的各州法律中，涉及拒绝将异性婚姻法律条款适用于同性婚姻的，应属无效。

IV

在本案的讨论中，自始就存在一种观点，即认为本案的结论应当慎重推进——留待更多的立法、司法和民间讨论的实践积累后，再来定夺。被上诉人诉称，对于如何定义婚姻这样一个基本社会问题，目前的民主讨论是不够充分的。在本案提交于本院前，上诉法院的多数意见也颇有说服力地指出，各州政府宜等待更多的公众讨论和政治举措后，确定是否承认同性婚姻（参见"德波尔诉斯奈德案"，《联邦判例汇编第三辑》第772卷，第409页）。

然而，对这一问题讨论的审慎程度，其实早已超出了上述观点的要求。我们有各种各样的公民投票、立法争论、民众运动，有无数的研究、论文、专著和作品，有各州法院和联邦法院大量的诉讼案件（参见附录A）。在相关诉讼中，争议双方围绕同性婚姻问题发表了充分的法律意见，这又促进了整个社会对于同性婚姻的讨论，并在过去几十年里产生了重大的社会影响。超过100位"法庭之友"——其中许多来自于政府、军队、企业、工会、宗教组织、执法机构、民间组织、专业组织和大学等美国社会生活的关键部门——对这一问题发表了书面的实质性意见。这些讨论均使得我们对同性婚姻问题的认识上升到了一个新的高度——使得这一问题足以被提升为一个宪法问题来解决。

当然，从宪法角度考虑，只要不存在对基本权利的侵犯，以民主程序对法律作出改变仍是更为恰当的途径。上一个庭期，在"舒特诉BAMN案"（《美国判例汇编》第572卷）中，本院的多数意见还刚刚重申了民主原则的重要性，指出"保障公民的言论权，这样他们才能学习和讨论，进而通过民主程序，共同缔造时代的发展方向"（同上，判决书第15—16页）。事实上，往往正是通过民主，自由才得以被保存和维护。但正如舒特案判决书所言，"宪法所保护的自由，其至为重要的一点即在于，个人的权利不受政府权力的非法侵害"（同上，判决书第15页）。因此，当个人权利受到侵害时，虽然民主决策是主流价值，"宪法仍要求法院在必要时站出来纠偏"（同上，判决书第17页）。这一点在保障个人权利时是绝对适用的，即使涉及最为重要和敏感的议题。

根据我们的宪法机制，个人主张基本权利时，无需等待立法措施的跟进。对于受到侵害的人们，法院随时为其敞开大门，以帮助他们维护那份由我们的基本宪章赋予的权利。甚至即使不受公众的认可和立法的确认，个人在受到侵害时，仍得主张其宪法权利受到保护。正如有观点指出："宪法将特定的议题从变幻莫测的政治讨论中解放出来，将其置于多数人和官方的控制之外,并以形成法律原则的方式,将其交由法院来掌控。"("西弗吉尼亚教育委员会诉巴尼特"案,《美国判例汇编》第319卷,第624、638页,1943。)这也是为什么"基本权利不由投票来决定,不取决于选举的结果"(同上)。因此,即使在民主程序上有所缺失,也不妨碍我们对同性婚姻的承认。本院所面临的,仅仅是一个法律问题,即宪法是否应当保护同性恋者结婚的权利。

这不是本院第一次在试图确认和保护一项基本权利时,被要求谨言慎思了。在鲍尔斯案中,勉强多数意见支持了一项将同性性行为定性为犯罪的法令(参见《美国判例汇编》第478卷,第186、190—195页)。这一判决,可以视为是法官谨慎克己、尊重民主程序的例证,而彼时,同性恋者权利的问题也才刚刚引起人们的重视。然而鲍尔斯案的实际效果,却是导致各州纷纷采取行动否认同性恋者的基本权利,进而对同性恋者造成了极大的伤害和痛苦。该案的异议意见表明,在判决作出时,鲍尔斯案合议庭对于作出正确判决所需的事实和法律依据,是完全清楚的(参见同上,第199页,布莱克门大法官异议意见,布伦南、马歇尔、斯蒂文斯大法官附议;第214页,斯蒂文斯大法官异议意见,布伦南、马歇尔大法官附议)。因此,劳伦斯案判决书指出,鲍尔斯案判决"在当时是一个完全错误的结论"(《美国判例汇编》第539卷,第578页)。尽管鲍尔斯案最终被劳伦斯案推翻,但在此过程中仍有许多人受到伤害,并且这种伤痛在鲍尔斯案被推翻后,仍将长期留存在人们的记忆中。毕竟,尊严受到的伤害,并不能被轻易地一笔勾销。

对同性婚姻的不利判决,将带来同样的效果——并且,如鲍尔斯案一样,是对宪法第十四修正案的违反。上诉人的事迹表明,他们的诉愿是如此急切。詹姆斯·奥伯格费尔害怕俄亥俄州政府会永远地抹销其与约翰·亚瑟间婚姻的存在。艾普罗·德波尔和简·劳思忧心密歇根州政府会继续剥夺她们以母亲的身份保护子女、让子女健康成长的权利,因为对她们和孩子来说,童年时光是如此的短暂。伊基·德科和托马斯·考斯特拉想知道,田纳西州政府是否会承认他们在纽约州缔结的婚姻,以维护一个为国终生奉献者的基本尊严。这些案情使本院深感有责任正视他们的诉求,回应他们的关切。

诚然,面对上诉法院意见的极大分歧——这种分歧足以导致对联邦法律解读的不可调和的分裂——本院对同性恋者是否可以行使结婚权利的考虑慎之又慎。如果本院认定涉诉的法律合宪,那么就是在告诉世人,这些法律与我们社会的基本准则相符。如果本院缓步前行,采用个案推进的方式,逐步实现同性夫妇的各项公共福利,那么同性恋者仍将被排除在许多与婚姻相关的权利和责任之外。

被上诉人还主张,允许同性婚姻,会对婚姻制度造成损害,因为这将导致异性婚姻的减少。被上诉人声称,这种担忧是切实存在的,因为允许同性结婚,意味着婚姻制度与生殖繁衍之间的联系将被切断。然而,这种观点实际上是建立在一种错觉之上,即认为异性婚姻的缔结都是基于繁衍后代的考虑。是否结婚以及是否抚养子女,是一项综合了诸多个人因素、爱情因素和现实因素的决定;并且,我们也不太可能得出结论认为,由于同性恋者可以结婚,异性恋者就会选择不结婚(参见"基钦诉赫伯特"案,《联邦判例汇编第三辑》第755卷,第1193、1223页,2014,"认为国家承认同性恋爱和同性性行为,就会使大量异性恋者转变其性取向,这完全是没有逻辑的")。被上诉人没有给出同性婚姻会造成其所描述的危害结果的依据。事实上,与其以这种理由排斥同性婚姻,我们不如从本案的案情来考虑:这些案件仅仅涉及两个成年人的自愿选择,他们的婚姻对自身和任何第三人都没有害处。

最后必须强调,宗教和信奉宗教的人们,可以继续主张他们所尊奉的高尚神圣的教义,控诉同性婚姻不得被宽恕。宪法第一修正案保障宗教组织和教民的合法权利,以使他们能够传授那些对其生命和信仰极其重要的信条,满足他们以宗教维系家庭持久稳定的愿望。这一点,对那些反对同性婚姻的人同样适用。同理,那些认为同性婚姻合理正当的人,无论是基于宗教信条还是世俗信仰,也可以与反对他们观点的人进行开放的、探讨性的辩论。但是,就宪法而言,不会允许政府将同性婚姻与异性婚姻在法律上进行区别对待。

V

本案涉及的另一个问题是,宪法是否要求各州承认在外州缔结的同性婚姻的效力。根据奥伯格费尔与亚瑟,以及德科与考斯特拉的事迹来看,如果拒绝承认这种效力,也会给同性情侣造成了很大的伤害。

在某个州缔结的婚姻,却在另一个州被拒绝承认,这无疑是在家庭法领域内"最令人困惑和烦恼的问题"("威廉诉北卡罗来纳州"案,《美国判例汇编》第317卷,第287、299页,1942)。当前各州的规定,的确给当事人造成很大的不稳定和不确定性。例如,如果一对夫妇跨过州界去邻省探望亲友,在此期间发生意外住院,他们就可能在行使相关配偶权利时面临很大的麻烦。考虑到已经有很多州允许同性婚姻——且已经有大量的同性婚姻缔结——对同性婚姻效力的拒绝承认,将会造成持续而严重的问题。

正如被上诉方律师所承认的那样,如果宪法强制要求各州为同性婚姻办理登记,那么拒绝承认外州缔结的同性婚姻的正当性也就不存在了(参见《庭审口头辩论记录》,第二问,第44页)。本院认为,同性夫妇在任何州都可以行使其婚姻权。因此，本院也当然并确实地认为，一州拒绝承认在另一州缔结的合法同性婚姻，没有任何法律依据。

    *   *   *

任何人与人的结合都无法与婚姻相提并论，因为婚姻蕴含了人类至为高尚的信念：爱、忠诚、奉献、牺牲以及家庭。婚姻的缔结，意味着个体合二为一，成为超越自我的存在。本案上诉人的故事表明，婚姻所包含的爱情甚至可以超越死亡。认为同性恋者不尊重婚姻，这是对他们的误解。他们如此尊崇和渴望婚姻，希冀沐浴于婚姻之光。他们不想被世人指责，孤独终老，受斥于文明社会最悠久的制度之外。他们寻求法律眼中的平等和尊严，而宪法，赋予他们这一权利。

撤销第六巡回上诉法院的判决。

特此判决。

首席大法官罗伯茨异议意见

美国联邦最高法院

第 14-556、14-562、14-571、14-574 号

14-556 上诉人詹姆斯·奥伯格费尔等诉理查德·霍奇斯（俄亥俄州卫生部部长）等

14-562 上诉人瓦莱里娅·谭可等诉比尔·哈斯拉姆（田纳西州州长）等

14-571 上诉人艾普罗·德波尔等诉里奇·斯奈德（密歇根州州长）等

14-574 上诉人格里高利·伯克等诉斯蒂文·贝希尔（肯塔基州州长）

提审自美国第六巡回上诉法院

[2015 年 6 月 26 日]

首席大法官罗伯茨发表异议意见，斯卡利亚大法官、托马斯大法官附议。

上诉人在社会政策和公平的层面，提出了一些有力的论点。他们认为同性情侣和异性情侣一样，应当被允许以婚姻来见证彼此的爱情与忠贞。他们的立场无疑具有很强的吸引力：在过去的六年中，十一个州以及华盛顿特区的选民和立

法者都修改了法律，允许同性婚姻的存在。

但是本院不是立法机关，同性婚姻是否合理，不应由在座的我们决定。根据宪法，法官有权解释法律的实然状态，但不能决定法律的应然状态。按照立宪者对法院的授权，法官"既无强制力也无意志力，仅行使居中裁判的权力"（《联邦党人文集》第78篇，汉密尔顿著，1961年版，第465页）。

虽然支持同性婚姻的政策性观点颇为合理，但在法律层面，支持同性婚姻的理由并不充分。婚姻权是一项基本权利，但这并不足以使各州改变婚姻的定义，如果某个州选择维持一项在人类历史上各个文明都广泛承认的婚姻定义，我们不能说这是非理性的。总之，宪法没有限定对婚姻的理解，各州人民可以自由选择是将婚姻扩大到同性范围，还是维持其传统的定义。

然而今天，最高法院做出了一项非凡的举动，强制每个州必须承认同性婚姻。许多人为此欢欣鼓舞，我并不嫉妒他们的欢愉，因为对于那些信仰法治高于人治的人来说，多数意见的决定实在令人沮丧。同性婚姻的支持者本已在说服同胞接受其观点的道路上取得了巨大的成功——当然，是通过民主程序——但今天的判决将终止这一进程。五位法官决定以宪法之名，将他们个人对婚姻的理解强加于民众之上。他们窃取了人民的决定权，给同性婚姻议题蒙上了阴霾，也使得这项本就激进的社会改革变得更加难以为全体民众所接受。

多数意见的决定是一项立法，而不是裁判。他们所创造的权利，在宪法和判例中均找不到依据。多数意见法官明确放弃了司法所应持的"审慎"态度，毫无谦逊之心，公开表露其欲望，试图依据他们自己对"不公正本质"的"新的认知"来重塑社会。由此，他们宣布美国超过半数的州的婚姻法规是无效的，强制改变了一个数千年来作为人类社会根基的——从布希曼人到中国人、从迦太基人到阿兹特克人——世所通行的社会制度。我们把自己当成谁了？

法官的确容易把自身的偏好误视为是法律本身的要求。但是正如本院在历史上被时刻提醒的那样，宪法"是为持各种不同政见的人们服务的"（"洛克纳诉纽约州案"，《美国判例汇编》第198卷，第45、76页，1905，霍姆斯大法官异议意见）。因此，"法院并不关心立法智慧或立法政策"（同上，第69页，哈伦大法官异议意见）。今天的多数意见忽视了司法所应扮演的克制角色，在人民依然就这个问题激烈讨论的时候，擅自把问题的决定权从人民的手中抢了过来。并且，他们对这一问题的回答，并不是基于中立的宪法原则，而是基于他们自己理解的自由为何物，及其如何实现。我别无选择，只能表达异议。

请理解我这番异议意见的立足点：在我看来，问题的关键，不在于婚姻是否应当被扩展到同性范围，而在于，就我们这个民主国家而言，这个决定是应当由人民通过其选举产生的民选代表作出，还是由五个恰巧被授权、其职能只是依据法律解决纠纷的法律人作出。宪法无疑对此有明确的答案。

I

上诉人及其支持者的论点，立足于"婚姻权"以及对"婚姻平等"的保护。毋庸置疑，根据既有的判例，宪法保障婚姻权，并要求各州在实施婚姻法时遵循平等保护原则。但本案中的真正焦点在于——"婚姻"是什么，或者更准确地说，谁能决定"婚姻"是什么？

多数意见基本无视了这个问题，把人类数千年来对婚姻的实践压缩成了一两段的叙述。即便历史和先例并不能完全"决定"本案，我也绝不认同"彻底推翻既成的一切"，不对先代的遗产充满敬畏之心（"希腊镇诉加洛韦案"，《美国判例汇编》第572卷，判决书第8页，2014）。

A

正如多数意见承认的那样，婚姻已经在各个文明社会存在了数千年。而在数千年的实践中，"婚姻"只指代一种关系：一个男性与一个女性的结合（参见本案判决主文；《庭审口头辩论记录》第一问，第12页，上诉人也承认在2001年以前没有任何社会允许同性婚姻）。正如本院两年前的解释,"直到近年来……绝大多数人都认为,男女的结合是定义婚姻的必然要素,也是婚姻在文明社会发挥效用的必然要求"("联邦政府诉温莎案",《美国判例汇编》第570卷,2013,判决书第13页)。

婚姻普遍被定义为一男一女的结合,这并不是历史的偶然。婚姻并非起源于那些历史进程推动因素,如政治运动、发明创造、疾病、战争、宗教信仰等——当然,也并非由史前时代对同性恋的排斥而产生。婚姻起源于一个自然的基本需求:保证儿童在由一对父母承诺的持续稳定的环境下成长(参见奎尔:《婚姻体系的历史》,1988年版,第2页,"由于生殖本能是一项所有生物共有的天赋,人与人最初的结合,就是夫妻的结合,然后产生了父母与子女的结合,由此产生了彼此共有一切的家庭"。另见于西塞罗:《论义务》,米勒译,1913年版,第57页)。

将婚姻定义为男女结合的前提是如此基础,几乎无需多言:人类必须繁衍才能生存,而繁衍必须通过男性与女性之间的性行为发生。性行为导致孩子的诞生,而一般来说,受父母共同生活照料的孩子,其成长环境要好于单亲抚养的孩子。因此,为了儿童和社会的利益,性行为宜发生在一段长期而忠诚的男女关系中。

社会将这种关系定义为婚姻,并且通过赋予婚姻神圣的地位和相应的福利,鼓励男女将性行为限定在婚姻关系中。正如一位杰出学者所指出:"婚姻是一种社会安排的机制,它让人们能够生活在一起照顾儿童,但它仅仅解决照料儿童的问题,并不完全解决性的问题,虽然儿童是因为性才产生的。"(威尔逊:《婚姻问题》,2002年版,第41页。)

这种对婚姻的单纯认知贯穿于我国的历史。多数意见承认,"到建国时期,人们已经意识到婚姻是由一男一女自愿缔结的契约"。早期的美国人很重视像威廉·布莱克斯通这样的法律学者的意见,而他认为,由"丈夫与妻子"形成的婚姻,是"私人生活中最重要的关系"。他们也很崇敬像约翰·洛克这样的哲学家,他将婚姻描述为是"一男一女以生育、抚养子女作为主要目的,自愿形成的关系"。(布莱克斯通:《英国法释义》,第410页;洛克:《政府论下篇》,1947年版,第78—79小节,第39页。)对于宪法的起草和缔结者而言,婚姻和家庭的概念"是约定俗成的:它的构成,它的稳定性、作用和价值为世人所接受"(福特:《立宪者对婚姻与家庭、婚姻的内涵的认识》,2006年版,第100、102页)。

宪法本身完全没有提及婚姻,由此,立宪者将"调整丈夫与妻子的家庭关系的问题"完全授权于各州自己解决(温莎案,判决书第17页)。毫无疑问,在最初——实际上一直到十多年前——每个州都采用了传统的、以生殖为基础的婚姻定义。本案涉及的四个州尤其如此。它们的法律,自始至终,都将婚姻定义为一男一女的结合(参见"德波尔诉斯奈德案",《联邦判例汇编第三辑》第772卷,第388、396页)。即使州法没有明确表述这一定义,也没有人会对此表示质疑（参见"琼斯诉哈勒汉案"，《西南地区判例汇编第二辑》第501卷，第588、589页）。由此，婚姻的内涵已经毋庸赘言。

当然，另外也有人对婚姻的含义作出了阐释。在美国的第一本词典中，诺亚·韦伯斯特将婚姻定义为"一男一女为了生活而缔结的法律结合"，其目的在于"防止性滥交……促进家庭幸福，以及……保障儿童的成长和教育"（《美国英语大词典》1828年版）。19世纪一部著名文献将婚姻定义为"是一种由一男一女以民事和社会目的、依法终生结合而形成的法律状态，结合者性别的差异是其形成的基础"（毕晓普：《婚姻法和离婚法释义》，1852年版，第25页）。首版的布莱克法律词典则将婚姻定义为"一男一女依法终生结合而形成的民事状态"（《布莱克法律词典》1891年版，第756页）。其后百年间，该词典都维持了同样的定义。

最高法院判例对婚姻的描述也一直与其传统定义相一致。早期判例将婚姻称为"一男一女的终生结合"（"墨菲诉拉姆西案"，《美国判例汇编》第114卷，第15、45页，1885），且这种结合构成了"社会和家庭的基础，没有这种结合，也就不会有文明和进步"（"梅纳德诉希尔案"，《美国判例汇编》第125卷，第190、211页，1888）。其后，我们又将婚姻视为"我们存在和生存的根基"，即暗指繁衍是婚姻的必要元素（"洛文诉弗吉尼亚州案"，《美国判例汇编》第388卷，第1、12页，1967；"斯金纳诉俄克拉荷马州案",《美国判例汇编》第316卷,第535、541页,1942)。近来的一些判例甚至直接将婚姻权与"生殖权"联系在一起("扎布洛茨基诉雷海尔案",《美国判例汇编》第434卷,第374、386页,1978)。

当然,正如多数意见指出,婚姻制度的一些方面已随着时间的推移而发生了变化。包办婚姻渐渐被以爱情为基础的婚姻取代。各州废止了"已婚妇女法",即将已婚男女视为一个法律个体的规则,转而承认婚姻双方各自的独立地位。反异族通婚法,这个"起源于奴隶制"、旨在宣扬"白人至上主义"的法律,被许多州摒弃,并最终为本院所废除(洛文案,第6—7页)。

多数意见认为这些发展,"并不仅仅是对婚姻制度的肤浅改造",而是"已经深刻改变了婚姻的内在结构"。(主文第6—7页。)但是,这些发展并没有改变婚姻的核心结构,即一男一女的结合。如果你问一个大街上的路人,婚姻的定义是什么?没有人会说出"婚姻是一男一女的结合"后再刻意强调"但妻子要服从'已婚妇女法'"。多数意见也许正确地指出了"婚姻制度的发展史是一个兼具变与不变的过程",但是婚姻的核心意义却从来没有发生过改变。

B

本院在洛文案中废除婚姻的种族限制后不久,明尼苏达州的一对同性伴侣就试图申请结婚登记。他们认为,宪法既然要求各州允许跨种族婚姻，基于同样的理由，就也要求各州允许同性别婚姻。明尼苏达最高法院在判决中拒绝适用这种类比，本院也草率地驳回了原告的上诉（"贝克诉尼尔森案"，《美国判例汇编》第409卷，第810页，1972）。

在贝克案之后的几十年中，越来越多的同性恋者选择公开他们的生活，其中许多人表达了希望他们的伴侣关系能够被承认为婚姻的愿望。随着时间的推移，也有越来越多的人开始认为，这种同性结合可以被视为婚姻。但是，直到近年以前，这种对婚姻的新看法始终处于少数派的地位。2003年，马萨诸塞州最高法院判决，依据该州宪法，同性婚姻应被承认。然而其后很多州——包括本案涉及的四州——都通过州宪法修正案，强调了婚姻的传统定义。

在过去的几年中，民意对婚姻的看法发生着快速的变化。2009年，佛蒙特州、新罕布什尔州和华盛顿特区率先通过立法修改了婚姻定义，从而承认了同性婚姻。2011年，纽约州通过了同样的立法。2012年，缅因州通过全民公投承认了同性婚姻，而在仅仅三年前，该州全民公投的结果还是维持婚姻的传统定义。

总体来说，十一个州以及华盛顿特区的选民和立法机关改变了他们对婚姻的定义，从而承认了同性婚姻。五个州的最高法院依据州宪法，裁定认可同性婚姻。其他州则维持了对婚姻的传统定义。

上诉人提起诉讼，认为依据宪法第十四修正案的正当程序条款和平等保护条款,各州应当承认同性婚姻,并为同性婚姻办理结婚登记。经过慎重考虑,上诉法院虽然承认了支持同性婚姻的民主"趋势",但仍然认定,"婚姻定义的问题不是一个宪法问题,并且自建国以来,这一问题的决定权就存在于各州选民的手中,上诉人不能将这一决定权夺走"(《联邦判例汇编第三辑》第772卷,第396、403页)。上诉法院的判决是对宪法的正确解读,我表示支持。

II

上诉人的最初主张,是本案中各州的婚姻法违反了正当程序条款。但之后代表上诉人出庭的副总检察长,在庭审中明确否认了这一点(参见《庭审口头辩论记录》第一问,第38—39页)。然而最终,多数意见仍然几乎完全是以正当程序条款为依据,支持了上诉人的请求。

多数意见宣称,在本院关于正当程序条款的先例中,找出了四项"原则和传统"以支持将同性婚姻权视为一项基本权利。但事实上,多数意见的推理路径完全不是基于"原则和传统",而是基于"法官干预政策制定"这一"毫无原则的传统",恰如本院在不光彩的"洛克纳诉纽约州案"(《美国判例汇编》第198卷,第45页)中表现的那样。抛开其光鲜华丽的辞藻,多数意见的观点其实就是:正当程序条款之所以赋予同性伴侣结婚的基本权利,是因为这对于同性恋者和社会都有好处。如果我是一个立法者,我也许会根据社会政策来考虑这一观点。但是作为一名法官,我认为多数意见的立场与宪法是完全相悖的。

A

上诉人对"基本权利"的主张,涉及宪法裁判中最敏感的领域。根据上诉人的主张,各州婚姻法所违反的,并不是某项宪法明确列举的权利,如第一修正案保障的言论自由权——毕竟宪法中没有规定"陪伴和理解"权或"高尚和尊严"权——而是第十四修正案没有列举的一项隐含的权利,即"未经正当法律程序",其"自由"不得被剥夺的权利。

本院曾经从正当程序条款中解释出一种"实体性"的含义,以保障某些特定的自由权利不被州政府"无视程序"地剥夺("雷诺诉弗洛里斯案",《美国判例汇编》第507卷,第292、302页,1993)。这一解释的理由是,有一些自由"深植于我们人民的传统和良知中,足以被视为基本权利",因此除非有紧迫的正当理由,其不得被剥夺("斯奈德诉马萨诸塞州案",《美国判例汇编》第291卷,第95、105页,1934)。

允许未经民选的法官来决定哪些未经宪法列举的权利是"基本权利"——并且据此来废除州法律——显然会造成人们对司法机关所应扮演的角色的忧虑。因此,我们的先例坚持认为,法官应以"极度审慎"的态度来认定那些未经列举的基本权利,"以避免正当程序条款保障的自由沦为本院法官表达其政策倾向的工具"["华盛顿诉格拉斯伯格案"(《美国判例汇编》第512卷,第702、721页,1997);肯尼迪在斯坦福大学的演讲：《未经列举的权利与司法的克制》，1986年，第13页，"我们可以说，在一个公正的社会，那些必要的、基本的权利应当存在，但这不代表每一项这种类型的权利，都能被法官依据宪法来确认。正当程序条款，并不是每一项在理想社会中应当存在的权利的依据"]。

正当程序条款的实体化是一剂猛药，本院历经种种挫折，才意识到对其加以限制的必要性。本院第一次使用实体化的正当程序条款来废除一项立法，是在"德雷德·斯科特诉桑福德案"（《霍华德判例汇编》第19卷，第393页，1857）。在该案中，本院以限制奴隶制将损害奴隶主的基本权利为由，废除了《密苏里妥协法案》。法官是以自己对自由和财产的理解为依据作出上述判决的，其认为："如果一项议会制定的法律，仅仅因为公民迁徙或将其财产带至该州，就剥夺其自由或财产……那么此法律不能被视为正当程序"（同上，第450页）。在一份比判决主文影响更为深远的异议意见中，柯蒂斯大法官解释道："当解释法律的固有规则被抛弃，当个人的理论观点能够控制宪法的含义，我们将不再拥有宪法；我们将被那些有权依据个人意志解释宪法的人所统治。"（同上，第621页。）

德雷德·斯科特案的判决结论，已经被内战的结果以及战后的宪法修正案推翻了，但其运用正当程序条款的方式，在后来的案件中不时重现。在20世纪初的一系列案件中，本院废止了一些"无谓干涉个人权利"和"不正当干预个人自由和契约自由"的州法。其中最为著名者，就是"洛克纳诉纽约州案"（《美国判例汇编》第198卷，第60、61页）。在该案中，本院废除了纽约州制定的关于面包店雇员最长工作时间的法律，因为"在我们看来，作为一项卫生法，没有任何依据可以认为该规定是必要和恰当的"（同上，第58页）。

洛克纳案的异议法官认为，纽约州的这条法律，可以被视为立法机关对于面包店雇员的健康问题所作出的合理回应，这一问题为公众所关心，且本来就至少有"被讨论和认真质疑的空间"（同上，第72页，哈伦大法官意见）。而多数意见的结论，是要把宪法当成"一种大多数国人都不喜欢的经济理论"来适用（同上，第75页，霍姆斯大法官意见）。正如霍姆斯大法官所说，"第十四修正案不是为了践行赫伯特·斯宾塞的《社会静力学》"（该书是社会达尔文主义的代表作）。宪法"不是为表达某一种经济理论……而是为持各种不同政见的人们服务的。当某种观点被呈现在我们面前时，无论它是亲切自然的，还是古怪乃至令人惊讶的，这都不能让我们直接得出其是否与宪法相冲突的结论"（同上，第75—76页）。

在洛克纳案之后的几十年中，本院认定了接近200条法律因妨碍个人自由而无效，尽管这些案件中总伴有强烈的分歧："一项法律是否违宪的判断标准，并不在于我们个人认为其是否符合公共利益。"（"阿德金斯诉特区儿童医院案"，

《美国判例汇编》第261卷，第525、570页，1923，霍姆斯大法官意见）在洛克纳系列案件中，法官被授权将自己的政策判断上升为宪法保护的"自由"，这使我们"不得不把法院看做是一个立法机构了"（汉德：《权利法案》，1958年版，第42页）。

最终，本院认识到了这一错误，并宣誓不再重犯。我们后来解释道："本院已经抛弃了这样一种信条：当法官认为立法机关不够明智时，可以在正当程序条款的授权下宣布法律违宪。我们已经回归了最初的宪法理念，认为法院不应以自己对社会和经济的认知，来代替民选的立法机关的意见。"（"弗格森诉斯克鲁帕案"，《美国判例汇编》第372卷，第726、730页，1963；参见"天灿芯照明公司诉密苏里州案"，《美国判例汇编》第342卷，第421、423页，1952，"我们不是超越立法机关的存在，无权评价立法者的智慧。"）因此，一项逐渐被接受的原则是：法院不会仅仅因为某项法律"不明智、无远见或者与某种思想流派不符"，就认定该法律违宪（"威廉森诉李光学公司案"，《美国判例汇编》第348卷，第483、488页，1955）。

推翻洛克纳案并不意味着否认存在未经列举的基本权利，而本院也没有这么做。但是为了防止洛克纳案这样的将个人偏好转变为宪法规范的错误，在当代涉及正当程序实体化的案件中，我们都强调了"司法克制"的重要性（"柯林斯诉哈克高地案"，《美国判例汇编》第503卷，第115、125

页，1992）。我们的先例强调，未经列举的基本权利必须"客观并且深植于我国历史和传统中"，而且"是秩序性的自由概念所包含的应有之义，以至于如果这些权利被牺牲，那么自由和正义都将无法实现"（格拉斯伯格案，第720—721页）。

本院在格拉斯伯格案中最为严谨地指出了在认定未经列举的基本权利时，历史和传统因素在考量中所具有的重要性。而在其前后发生的多个案例中，相同的观点也曾被采纳（参见"第三司法区检察署诉奥斯伯恩案"，《美国判例汇编》第557卷，第52、72页，2009；弗洛里斯案，第303页；"美利坚合众国诉萨勒诺案"，《美国判例汇编》第481卷，第739、751页，1987；"穆尔诉东克利夫兰案"，《美国判例汇编》第431卷，第494、503页，1977；同上，第544页，怀特大法官异议意见，"司法机关，包括本院在内，在无视宪法本身的文本和框架而作出宪法裁判时，是最容易走向违法的"；"特罗克塞尔诉格兰维尔案"，《美国判例汇编》第530卷，第57、96—101页，2000。"遵循我国的历史、法律传统和法律实践，我们将其归结为我国家庭法律关系的结构问题……以谨慎地推行其变革。"引自格拉斯伯格案，第721页）。

显然，要尊重历史和传统，我们就不能将视角局限于某项单一的法条，因为每项对自由的限制规范都不能自证其合宪性。多数意见在这一点上是正确的，但考虑到"这一领域极少有明确的判断标准"(柯林斯案,第125页),"在此过程中,历史传统对司法意见的克制作用,无疑要强于其他任何抽象的规则"(穆尔案,第504页)。突然急剧地扩张一项权利,将会使其脱离自身形成的根基。而即便是本着"严格"的职业精神来认定这项权利,也不代表法官就受到了有效的约束,因为"无论他自己是否有意识,法官所真正认定的,是他自己的价值判断"(埃利:《民主与不信任》,1980年版,第44页)。唯一能够真正使这种微妙的主观判断受到制约的途径,是"不断地坚持对历史的敬畏,对社会基本价值的尊重,以及对联邦制和三权分立制度发自内心的认同"("格里斯沃尔德诉康涅狄格州案",《美国判例汇编》第381卷,第479、501页,1965,哈伦大法官并存意见)。

B

多数意见法官完全忽略上述信条,其原因也显而易见:他们过激地运用了正当程序条款的实体化,完全违背了本院近几十年来的先例,使本院倒退到了洛克纳案的时代。

1

多数意见推动主题的逻辑是:婚姻是令人渴望的,而上诉人也渴望婚姻。判决书描述了婚姻的"极端重要性",并且反复强调上诉人并非想要对婚姻制度进行"贬损""破坏""玷污"或"不敬"。然而这些其实是不证自明的。事实上,正是由于上诉人和许多同性恋者令人动容的陈情,不少民众才改变心意，转而支持同性婚姻。但是，上诉人真诚的夙愿，并不会影响本案在宪法层面上的判断。

多数意见裁判的法律依据，主要是那些关于将"婚姻权"视为基本权利的判例（"特纳诉萨夫利案"，《美国判例汇编》第482卷，第78、95页，1987；扎布洛茨基案，第383页；洛文案，第12页）。但是，这些判例显然并没有判定任何想要结婚的人都享有宪法上的婚姻权，仅是要求各州在规定结婚禁令时应具备正当的理由，应与人们对婚姻制度的一般理解相符。在洛文案中，本院认定以种族来限制婚姻的理由是不正当的。在扎布洛茨基案中，本院认定拖欠抚养费这一限制婚姻的理由是不充分的。而在特纳案中，本院认定将囚犯身份作为限制婚姻的理由是不应被允许的。

这些案件中的涉案法律，均非旨在改变婚姻的核心定义，即一男一女的结合。扎布洛茨基案和特纳案中的涉案法律，没有将婚姻定义为"一男一女的结合，但不得有一方拖欠抚养费或在监狱服刑"。洛文案中对跨种族婚姻的禁令，也没有将婚姻定义为"同种族的一男一女的结合"（参见特拉根：《对异族通婚的法定禁令的评论》，《加利福尼亚法律评论》，1944年第32期，第269页。"普通法中并没有对跨种族婚姻的禁止。"下文，托马斯大法官异议意见）。因此，废除婚姻的种族限制并没有改变婚姻的定义，正如废除学校中的种族隔离没有改变学校的定义一样。多数意见法官也承认，这些案件所讨论的"婚姻"都是"在异性婚姻的语境下"。

总之,这些关于"婚姻权"的判例,表达的是一个重要但具有适用局限性的结论,即对于"传统定义下的"婚姻,对结婚的某些限制将违反正当程序条款。这些判例完全没有涉及一种可以强制各州修改婚姻定义的权利,而这种权利才是上诉人的诉求所在(参见温莎案,阿利托大法官异议意见,第8页,"温莎对联邦政府的诉求,并非是对一项根本性权利的保障,而是对一项崭新权利的确认")。上诉人和多数意见法官没有援引任何一项判例或者法律渊源,以作为该项宪法权利的依据,事实上这样的判例也根本不存在。这就已足以驳倒他们的主张了。

2

多数意见认为"对本案具有参考意义的判例不止于此"。虽然其表意并不明确,但他们似乎指的是涉及"隐私权"这一未经列举的基本权利的案件。在其中的第一个判例,格里斯沃尔德案(《美国判例汇编》第381卷,第486页)中,本院裁定禁止避孕的刑事法律无效(同上,第485—486页)。法官强调,该禁令具有天然的攻击性,使已婚夫妇面临"警察可以随时搜查其私密卧榻"的威胁(同上,第485页)。在法官看来,这一法律违反了隐私权的本质:"个人独处的权利"("艾森斯塔特诉贝尔德案",《美国判例汇编》第405卷,第453—454页,1972;"奥姆斯特德诉联邦政府案",《美国判例汇编》第277卷,第438、478页,1928,布兰代斯大法官异议意见)。

本院在"劳伦斯诉得克萨斯案"(《美国判例汇编》第539卷,第558页,2003)中同样援引了隐私权,以废除得克萨斯州对鸡奸追究刑事责任的法令。劳伦斯案的判决依据是,鸡奸罪法律与禁止避孕的法律一样,是允许"政府非法地在最隐私的地点——住宅中……介入最隐私的私人行为——性行为",因而是对隐私权的侵害(同上,第562、567页)。

劳伦斯案以及一系列涉及隐私权的判例,都不能作为上诉人诉求的依据。与禁止避孕和鸡奸的刑事法律不一样,本案涉及的法律并不涉及政府对私人空间的侵犯。该法既没有创设任何罪名,也没有施加任何惩罚。同性伴侣可以自由地共同生活,从事性行为,并且在合适的条件下组建家庭。没有人应当由于这项法律而"孤独终老"——是的,没有人会这样。并且,该法也完全没有妨碍到"个人独处的权利"。

多数意见还援引了哈伦大法官在"波诉乌尔曼案"(《美国判例汇编》第367卷,第497页,1961)中的著名观点,认为:"正当程序条款不屈从于任何准则"(同上,第542页)。然而,哈伦大法官的观点,并不是要赋予本院法官以多数意见所理解的那种解释裁量权,相反,其明确提出,法官对基本权利的解释,绝不是"毫无向导的自由推测"(同上)。法官应当"尊重历史",并且"克制地作出判断"(同上)。此外,哈伦大法官还提出了一项与本案相关的观点:"法律将婚姻视为人们行使性权利和为儿童提供成长空间的制度,这种制度模式深刻地影响着我们社会生活的根基,任何宪法规范在这一领域的适用,都应建立在上述理解的基础之上。"(同上,第546页。)

综上,隐私权的判例并不支持多数意见的立场,因为上诉人的诉求并不涉及隐私。相反,上诉人寻求的是公众对他们的结合关系的认可,以及与之相关的政府福利。本院的判决一贯不允许诉讼当事人将宪法对自由的消极维护,转变为其向国家索要权利的积极主张(参见"德沙尼诉温纳贝戈县社会服务部案",《美国判例汇编》第489卷,第189、196页,1989;"安东尼奥独立学院区诉罗德里格斯案",第411卷,第1、35—37页,1973;下文,托马斯大法官异议意见)。因此,虽然隐私权判例的确起到了保障同性伴侣的性权利的作用,但并没有为重新定义婚姻提供依据,也不足以宣判本案中的相关法律无效。

3

也许是意识到先例对其观点的支持极为有限,多数意见抛弃了本院自格拉斯伯格案以来在解释基本权利时所持的"审慎"态度(主文第18页)。很明显,多数意见的立场,是要彻底推翻格拉斯伯格案这一当代限制正当程序实体化的典范判例的结论。讽刺的是,至少在这一部分,多数意见是坦诚的，其"审慎"的态度也无可指摘。

归根结底，只有一个先例支持多数意见这种立场："洛克纳诉纽约州案"（《美国判例汇编》第198卷，第45页）。多数意见开门见山，宣称上诉人拥有"定义和表达自己身份"的权利（主文第1—2页），其后又解释道，"个人对婚姻的选择权，是实现个人自治的本质要求"（主文第12页）。这种对个人自治随心所欲的解释，不禁让我联想到这样的表述："个人基于自由享有的一般性权利，即在于其自我决策和处置自身劳力的权利。"（洛克纳案，第58页。）

当然，多数意见并不是说个人自治的权利完全不受限制。他们认为，权利的限制取决于他们所谓的"理性判断"，并由他们对"不公正内涵"的"新的认知"决定——这种"新的认知"是为前人所忽视，但随着"人们对其（自由）定义理解的加深"而呈现的。但事实是，本案的判决是完全基于多数意见法官自己的固见，他们认为同性伴侣渴望婚姻，因此就应当支持同性婚姻，并且"如果否认这项权利，那就意味着他们的选择是不被人尊重的，他们的人格是不受重视的"。也许在伦理学上，上述观点是讲得通的，但在宪法上，这并不比洛克纳案中赤裸裸的政策偏好更有说服力（洛克纳案，第61页，"我们并不认同该法案的合理性，这是对个人……依其自身意志签订劳务契约的权利的非法干涉"）。

多数意见法官意识到"这不是本院第一次在试图确认和

保护一项基本权利时，被要求谨言慎思了"。这一点我完全同意。在经历了洛克纳案的历史退步后，本院"被要求"——自己也首肯了——在解释基本权利时应当"谨言慎思"。然而今天，多数意见又把这种谨慎抛到一边，重蹈覆辙。

本案判决将带来一个迫切需要被回答的问题：婚姻是"两个人"的结合，这一定义是否应当被维持？（参见"布朗诉布曼案"，《联邦判例补充汇编第二辑》第947卷，第1170页。）虽然多数意见在判决书中将"二人"这一语素随意使用，但其完全无法解释，为什么"二人"这一婚姻定义的核心要素应当被保留，而"男女"这一要素就不能。事实上，从历史和传统上看，从异性婚姻到同性婚姻的跨越，要远比从二人婚姻到多人婚姻的跨越来得大，因为一夫多妻制在世界上许多文化中都长期存在。既然多数意见法官愿意肯定前者，他们又有什么理由不愿意肯定后者呢？

将多数意见的理论运用到主张多人婚姻权是一项基本权利上，我们将得出一些惊人的结论。如果"两个性别相同的人相互结合，自主地作出结婚这一重大抉择，这是人格尊严的体现"，那么，为什么三个人的结合就不体现个人自治和人格尊严，就不是人生中的重大抉择？如果同性伴侣享有宪法赋予的结婚权，是因为若非如此，他们的孩子"会因为知道自己的家庭不完整感到耻辱"，那么同样的理由为什么不适用于多人婚姻家庭的孩子？如果没有结婚机会就是对同性恋者"极大的不敬和侮辱"，那么对这种"权利的剥夺"，为什么不是对那些多角恋者的不敬和侮辱呢？（参见贝雷特：《多角恋：新的性取向变革？》，《新闻周刊》2009年7月28日，该文评估美国存在50万个多角恋家庭；李：《三角同性恋家庭迎来首个孩子》，《纽约时报》2014年4月23日；奥特尔：《三人不成群：群婚权作为宪法权利的案例》，《埃默里法律评论》，2015年第64期，第1977页。）

我并不想将同性婚姻和多人婚姻完全相提并论，两项制度可能存在的不同特征，从而导致不同的法律分析。然而上诉人并没能指出这些不同。在口头辩论涉及多人婚姻问题时，上诉人坚称本州"没有这样的制度"（《庭审口头辩论记录》第二问，第6页）。但这正是问题所在：涉案各州同样也没有同性婚姻制度。

4

临近判决书的最后，多数意见提供了一项也许是本案判决中最为明确的判决理由。多数意见认为，将婚姻扩展到同性范围，对同性恋者"自身和任何第三人都没有害处"。这一论点再次让我想起到洛克纳案，该案法官基于自己的评估认为："我们认为这样一项法律完全不能促进安全、道德或社会福利，而且该法案也完全没有触及公众的利益。"（洛克纳案，第57页。）

无论是前者还是后者，判决中这种对"伤害"的评估方式都更像是哲学而不是法律。个人对某个问题的理解是否比法律的规定更加高明，这一点在道德和哲学上可以探讨。但对司法机关而言，其不能仅依据某项道德的、哲学的或社会学的观点，就以"正当程序"为名，将自己的见解强加于公民。对于这类问题，确实有一项"正当程序"——那就是民主程序。因此，法官所应遵循的是法律，而不是某种社会思想学说。正如亨利·弗兰德利大法官所言以及霍姆斯大法官在洛克纳案异议意见中强调的那样，第十四修正案不是为了践行约翰·密尔的《论自由》，也不是为了践行赫伯特·斯宾塞的《社会静力学》（参见兰多夫：《弗兰德利大法官在"罗伊诉韦德案"中未用的意见草稿》，《哈佛法律评论》，2006 年第 29 期，第 1035、1036—1037、1058 页），同样，它当然也没有践行任何的婚姻理念。

多数意见对正当程序的理解，将给本院未来的判决带来极其不正当的诱导：如果一项在整个人类历史上经久未变的社会制度都不能阻止司法对政策制定的干预，那还有什么可以？这无疑是对法治的巨大威胁。坚持依据历史和传统来解释基本权利，其目的即在于，使非民选的法官不能仅基于自身的信念，便废除一项经民主程序制定的法律。今天的判决不仅无视了我国的全部历史和传统，还积极地否定它，任性地将目光仅局限于当下。多数意见宣称："不公正的一个特质，在于其虽然时时存在，但我们却常不自知。"上诉人也说:"时代可能被蒙蔽。"(《庭审口头辩论记录》第一问,第9、10页)但是,如果我们选择将历史蒙蔽,那将是自负而愚蠢的。"过去永远不会死,它甚至还没有过去。"(福克纳:《修女安魂曲》,1951年版,第92页。)

III

在关于正当程序的论点之外，上诉人还认为，依据平等保护条款，各州也应当承认同性婚姻。多数意见并没有认真分析这一论点，其对该问题的讨论，老实说，很难理解。多数意见的核心观点似乎是：平等保护条款和正当程序条款之间存在一种"合力作用"，因此一些以其中一项条款为依据的判例，实际也受另一项条款的支持。而除此之外的论证，都与本院讨论平等保护案件的通常思路无异。根据案例教科书的经典准则，"当代最高法院判决适用平等保护条款的依据，是基于'手段—目的'式的分析，考察政府的某项区别对待制度，是否与其所追求目标具有有效的关联"（斯通等：《宪法学》，2013年版，第453页）。而今天多数意见考察标准则完全不同：

> 正当程序原则中所蕴含的权利和平等保护原则所保障的权利，虽然基于不同的法理，也并非总是共存，但在特定情形下，它们之间能够形成相辅相成的关系。在特定案件中，单一条款更适于准确而全面地捕捉一项权

利的本质，而两项条款的合力更有利于对权利进行定位和定性。

随后，多数意见自信无疑地作出结论，认为平等保护条款是其判决的又一项依据，但是对于平等保护条款在判决中是如何独立发挥作用的，却只字未提。并且，多数意见也没有试图解释，本案为什么不属于那些"无需提升到宪法层面的问题"（参见"奥斯汀市西北一区诉霍尔德案"，《美国判例汇编》第557卷，第193、197页，2009）。无论如何，本案中的争议法律都没有违反平等保护条款，因为在婚姻问题上对异性结合和同性结合的区别对待，是与各州"维护传统的婚姻结构"的"合法利益"有效关联的（劳伦斯案，第585页，奥康纳大法官并存意见）。

此外，对于上诉人所质疑的法律条款的类型，有必要进行准确的区分。上诉人讨论了一些婚姻附带的法律利益，诸如医疗探视权、对配偶地位的官方承认等，但在诉讼中，其质疑的只是关于婚姻定义的法律条文，而不是与上述利益相关的特定条款。我认为，如果上诉人将攻击的目标放在那些否认具体利益的条款上，那么上述关于平等保护的分析结论，可能会有所不同。当然，这种更加合理的主张以后也不会有人提出了，因为本院已经激进地要求所有州都必须承认同性婚姻。

IV

本院的合法性最终建立在"人们对其判决的尊重"上("明尼苏达州共和党诉怀特案",《美国判例汇编》第536卷,第765、793页,2002,肯尼迪大法官并存意见)。这种尊重来源于一种认知——同时也是事实——即本院是以一种谦逊克己的态度,严格依据宪法和法律进行裁判。然而,多数意见今天为本院塑造的形象,恰恰与谦逊克己的要求背道而驰。多数意见一次又一次地抬高本院在推动社会变革时所应有的作用,在他们看来,应当由法院,而不是人民,来构建"新时代的自由",来为社会议题提供"正式的讨论",来确保"严格中立、严肃而公正的评论"。

最能体现多数意见法官"司法优越"理念的,是他们对于同性婚姻问题公众讨论状况的描述和不屑。我们既掌握了数千年来所有人类文明的历史,又掌握了"大量的诉讼""各地方法院的判决""无数的研究、论文、专著和作品",以及"超过100份"的法庭之友意见(主文第9、10、23页)。那推进民主进程还有什么意义呢?就让本院的五个法律人,依据他们对"时代需要紧迫保护的自由"的"更好的理解",来决定婚姻的定义吧!反正结论的依据,肯定能在上述某项法律意见或研究成果中找到。

建立这个国家的人们,一定不会认同今天多数意见所塑造的司法机关的形象。他们以自己的生命和财产为代价,以换取人民实行自我统治的宝贵权利。他们绝难想象,我们将社会政策的决定权,不负责任地交由未经选举的法官行使。他们也绝对不会认同,所谓的只要经过"广泛的讨论"(主文第8页)、法官即可僭越立法的政治运行模式。在我国的民主制度中,对法律内容的讨论,并不是足以使法院介入立法的充分条件。"我们的宪政体制不是电视智力竞赛,如果立法或行政机关没有在一定时间内给出某个问题的解决方案,也不意味着司法机关就可以介入抢答。"(伦奎斯特:《对"活的"宪法的理解》,《得克萨斯法律评论》,1976年第54期,第693页。)正如本院在去年的一项判决所作出的解释:"认为选民不能对这样一个敏感问题作出理智而得体的判断,这无疑是对民主程序的侮辱。"("舒特诉BAMN案",《美国判例汇编》第572卷,判决书第16—17页,2014。)

本院权力的扩张并非无本之源,这种权力来源于人民,而人民自己也很清楚这一点。世界各地的人们都在就同性婚姻问题展开认真而深入的讨论。他们见证了每个投票者谨慎思考,投出自己宝贵的一票,乃至有时摇摆不定;见证了政治领袖反复评估立场,阐述其支持或反对这一立法革新的理由;见证了政府和企业不断调整对待同性伴侣的政策,积极投身相关的公共讨论;见证了远在大洋彼岸的国家通过民主途径,接纳或排斥这一深刻的社会变革。如此审慎的议程,已经把一个人们从未重视的问题,提升到极其严肃的层面。

当我们经由民主程序得出某项结论时,总有人会对结果感到失望。但是那些未被支持的人们,至少知道他们已经表达了自己的观点,而因此——依照我们一贯的政治文化——愿意接收这样一个公平正直的结果。并且,他们可以进一步努力,以期能在以后再次提出该议题,并获得更多人的反思和支持。"这恰恰是我们的政治制度应有的运行机制。"(下文,斯卡利亚大法官异议意见)

但今天本院的判决终结了这一切。本院以宪法为依据对这一问题作出了裁决,使其脱离了民主决策的领域,而在这样一个深入涉及公共利益的问题上终结民主程序,将会带来严重的后果。排斥讨论就是排斥民心,法院对其所不应干涉的事务作出的决断,将很难被那些没有充分表达其观点的人们接受。正如在另一案件中某位法官的睿智评述:"民主程序的进程……很难迅速而全面地实现变革主张,但重要的是,立法机关在不断地倾听和行动。而拙劣的司法干预是难以作出正确的决断的,其只会带来冲突,而不是解决问题。"(金斯伯格:《就"罗伊诉韦德案"关于自治和平等的一些思考》,《北卡罗来纳法律评论》,1985年第63期,第385—386页。)事实上,无论今天同性婚姻的支持者如何欣喜,他们都应该意识到自己已经失去并将永远失去的一项机会：通过诚恳的说服使同胞真正理解其诉愿的机会——正是在变革之风拂过其身旁的瞬间，他们丧失了这项机会。

联邦法院并不是创造权利的有效机构，宪法赋予法院的权力，仅限于解决具体的案件和纠纷。法院不像立法机关那样具有弹性，可以兼顾考虑非本案当事主体的利益，或对新型权利的行使可能带来的各种问题作出预判。例如，今天的判决就对宗教自由问题产生了重大影响。不少正派人士是基于其宗教信仰而反对同性婚姻的，而他们的宗教自由权利——与多数意见臆想的同性婚姻权不同——是明确受到宪法第一修正案保护的。

对宗教信仰的尊重，使得所有选民和立法者在民主讨论同性婚姻问题时，都必须考虑到宗教因素。然而，很显然，多数意见在强制推行其对同性婚姻的认同时，完全没有考虑这一因素。多数意见故作高尚地表示教民可以继续"宣扬"和"传授"他们对婚姻的观点。然而第一修正案保障的是人们"实践"宗教的自由——很不幸，这与多数意见的用词并不一致。

当教民践行的信条与同性婚姻权这一新型权利发生冲突时，将会产生一些难缠的问题。比如，宗教学校可能只愿向异性夫妇提供住宿，宗教收容所可能会拒绝同性夫妇收养小孩的请求。甚至于，副总检察长已经明确承认，他们将重新审核那些反对同性婚姻的宗教机构的免税资格（《庭审口头辩论记录》第一问，第36—38页）。毫无疑问，此类问题将很快被呈现到本院面前。非常遗憾，那些坚持自己信仰的人们，面对今天的这份判决将要难以释怀了。

本案判决最令人沮丧的一点，恐怕是多数意见法官急于给反对者扣上污名的态度。多数意见随口承诺，其无意贬低那些基于自身真诚信仰而无法接受同性婚姻的人。但是紧接着下一句就推翻了这一承诺，认为法律采纳传统婚姻定义的"必然结果"，是"侵犯和贬损"同性情侣的人格，并一遍又一遍地重复这一观点。根据多数意见的描述，那些只不过是遵循历史一贯的对婚姻理解的民众——特别是数千万投票支持婚姻传统定义的民众——都是在对他们的同性恋邻人进行"排斥""贬损""不敬和侮辱"，以及"尊严受到的伤害"。这种对正直者的公然抨击，只会对社会和法院本身的形象产生不利的后果（参见下文，阿利托大法官异议意见）。而且这种抨击本身就是蛮横无理的，因为我们不能因为自己认同宪法保障同性婚姻权，就给所有不支持这一"理解的加深"的人扣上顽固派的帽子。

考虑到上述所有因素，我们本可期待一个完全不同的法院形象——一个更加温和和节制的形象。我们有理由认为，法官作出专业判断时，不应掺杂其个人对道德和哲学的见解；我们也应时刻警惕，法官并非民选，其仅在司法裁判领域享有合法的权力。当对公正的理解超出其正当的界限时，我们宜遵循历史的教诲，探求其对于国家和司法实践的真正意义；而当我们认为自己是特别的一代，可以挣脱历史和传统的束缚，打破一项数千年来为世人坚守的制度时，我们理应少一分傲慢与自负。

＊　　　　＊　　　　＊

如果你是一个支持同性婚姻的美国人——无论是何种性取向，请为今天的判决欢呼，为得尝一个渴望已久的心愿欢呼，为能够与伴侣彼此承诺终身欢呼，为获得与之相关的种种福利欢呼。但是，请不要为宪法欢呼，因为宪法与这一切，没有任何关系。

我郑重地持有异议。

斯卡利亚大法官异议意见

美国联邦最高法院

第 14-556、14-562、14-571、14-574 号

14-556 上诉人詹姆斯·奥伯格费尔等诉理查德·霍奇斯（俄亥俄州卫生部部长）等

14-562 上诉人瓦莱里娅·谭可等诉比尔·哈斯拉姆（田纳西州州长）等

14-571 上诉人艾普罗·德波尔等诉里奇·斯奈德（密歇根州州长）等

14-574 上诉人格里高利·伯克等诉斯蒂文·贝希尔（肯塔基州州长）

提审自美国第六巡回上诉法院

[2015 年 6 月 26 日]

斯卡利亚大法官发表异议意见，托马斯大法官附议。

我完全赞同首席大法官的意见。我单独撰写异议意见，以呼吁重视最高法院对美国民主制度形成的威胁。

今天这个判决的内容，对我个人来说并没有太大意义。法律可以凭其意志去定义婚姻的性别构成和夫妻间的关系安排，然后规定其所带来的民事后果：从税收到继承等——这

些经公众允诺而赋予婚姻的后果可能也有副作用，但相比其他一些有争议的制度来说总是健康的。所以，对我而言，法律如何规定婚姻并不十分重要。但是，谁统治着我，这一点对我来说无比重要！今天的这个判决，实际上是在说，统治着我，以及统治着我们美国国土上三亿二千万同胞的，是最高法院九个法律人的多数意见。本案的判决意见表明，最高法院的权力，已经扩张到可以创造一种宪法和宪法修正案所不曾规定的"自由"——这简直让人无法想象。这种由一个未经选举的九人委员会对宪法进行的篡改，常常以"自由"之名受到广泛赞扬（正如这一次一样），实际上恰恰剥夺了人民最宝贵的自由——一项诞生于《独立宣言》、经1776年革命奋战得来的自由——实行自我统治的自由。

I

对同性婚姻的公开讨论堪称美国民主制度的典范反映,直至法院介入终结了这项讨论。在这一过程中,持相反观点的双方,热烈而恭敬地阐释和宣扬他们的观点,人民则谨慎思考,以投票来作出决定。有 11 个州以直接或间接的投票形式,决定扩张对婚姻的传统定义,更多州则没有。[1]而无论结果如何,两方的支持者都会再接再厉,因为他们知道可以在下一次投票中扭转战局。这恰恰是我们的政治制度应有的运行机制。[2]

宪法规定了对自治的限制——这种限制,由"人民自己"决定,规定在宪法及其修正案中,包括法律不得"损害契约义务",[3]不得拒绝承认他州制定的"值得信赖和尊重"

---

[1] 被上诉人答辩状,第 14 页。
[2] "舒特诉 BAMN 案",《美国判例汇编》第 572 卷,判决书第 15—17 页,2014。
[3] 美国宪法,第 1 条第 10 款。

的"公共法案",[4] 不得限制宗教自由,[5] 不得侵犯言论自由、[6] 持枪权利,[7] 不得进行非法搜查逮捕[8],等等。此外,"保留于各州和人民的"的权力,[9] 也应由各州和人民依其意志行使。本案的焦点在于,根据第十四修正案,各州是否必须承认同性婚姻并为同性婚姻办理登记。这一问题的解决,难道就不适用民主程序了吗?

当然不是。婚姻法规范不属于联邦宪法的管辖范畴,这一点仅仅两年前,还曾为今天判决书的执笔者所提及(而他今天的一位支持者,也曾附议该观点):

> 家庭关系法长期以来,都事实上被视为州法的管辖领域。[10]

> 联邦政府历来把家庭关系的政策决定权交由各州的法律执行。[11]

---

4 第4条第1款。
5 宪法第一修正案。
6 宪法第一修正案。
7 宪法第二修正案。
8 宪法第四修正案。
9 宪法第十修正案。
10 "联邦政府诉温莎案",《美国判例汇编》第570卷,判决书第16页,2013。
11 同上,第17页。

斯卡利亚大法官异议意见

而我们无须怀疑,自1868年第十四修正案通过以来,每个州都是将婚姻限定为一男一女的结合,也没有人质疑过该项规定的合法性。由此,在本案中,当我们要确定宪法中某个抽象条款的含义时——例如"正当程序"或"平等保护"——我们可以肯定,当时通过这项条款的人,必然不是要以该条款来禁止一项即使在多年以后看来仍是普遍的和无争议的行为。[12] 我们没有依据禁止一项第十四修正案并未明文禁止的行为,更何况这一行为自该修正案通过以来,就一直处于公开、普遍和无可争议的状态。并且,由于通过该宪法修正案的人们显然也没有意图将婚姻限定于异性之间,因此我们理应允许关于同性婚姻的公共讨论继续存在。

但本院以一种甚至缺乏粉饰的法律理由,终结了这种讨论。在这份近乎可笑和急于扬名立万的判决书中,隐藏的是一个直白得令人惊讶的论调:不管第十四修正案立法者的本意为何,该法案就是要保护本案法官经"理性判断"所认为的第十四修正案应当保护的权利。[13] 这是因为"起草和通过权利法案以及第十四修正案的人们,未曾预想到自由发展的所有维度……"[14] 按常理来讲,接下来的应该是"……因此他们留下了一种让人民修改宪法的途径",或者"……因此

---

12 "希腊镇诉加洛韦案",《美国判例汇编》第572卷,判决书第7—8页,2014。
13 主文第10页。
14 主文第11页。

他们留下空间,让人民能够通过后续的立法来创造新的自由,例如与同性结婚的自由"。然而,并非如此。按照多数意见的逻辑,接下来的是"所以他们赋予后来人一项特权,以使我们能够基于对自由的新理解而保障所有人的正当权利"。[15] 其中的"我们",毫无疑问,就是我们在座的九个人。"历史和传统仅仅作为引导和约束涉案议题的参考,而不是绝对依据。"[16] 因此,多数意见所关注的,并非是人民所理解的"自由"——无论是修正案通过时的理解还是今天的理解,而是多数意见法官自己理解的、禁止将婚姻定义为男女结合的理由,即所谓的四项"原则和传统"。[17]

这是法官在赤裸裸地行使立法权——事实上,是超级立法权。这种权力,与我们的基本政治体制是彻底背离的。各州有权依其意志制定法律,只有经人民授权的宪法可以对其予以限制,即使这种法律有违我们这些高尚法官的"理性判断"。如果我们的政治制度是让人民服从于一个未经选举的九人法律委员会,那么这种制度绝对不是一项民主制度。

法官的任命依据是其法律专业素养,与他们是否代表特定选民群体的政治观点没有(或者说应当没有)关系。因此,联邦司法机构的人员组成,从来都不能代表整个美国社

---

[15] 主文第11页。
[16] 主文第10—11页。
[17] 主文第12—18页。

会。例如，本院的九位大法官，虽然有男有女，但所有人都是哈佛或耶鲁大学毕业的成功律师，[18]其中四人是纽约人，八人在东西沿海地区长大，仅一人可以代表广阔的中部地区。这些人中，没有一个来自西南地区，甚至没有一个来自真正的西部（加州不算西部）；没有一个是福音派基督徒（一个占美国人口四分之一的群体[19]），甚至没有一个新教徒。这样一个高度不具有代表性的投票群体，面对如此重大的社会议题，如果他们仅仅履行其作为法官的职责，从法律角度来回答，美国人民是否通过了一项宪法条款来反对传统的婚姻定义，那还情有可原。但很明显，多数意见法官的结论不是这样得出的——他们自己都承认了。而由这样一个被精心挑选的、贵族化的、高度不具有代表性的九人团体来决定对同性婚姻的政策选择，这对我们的基本政治原则的违背程度，甚至有甚于"不给予代表权的征税"——这是"不给予代表权的社会改革"！

---

[18] 美国律师协会认为本案上诉人的诉求符合其成员的意愿，因而发表申明支持上诉人，由此可以看出高级律师群体在本案中是持倾向性意见的。参见《美国法庭之友意见》，第1—5页。

[19] 参见皮尤研究中心：《美国宗教版图的变迁》（2015年5月12日）。

II

更令人震惊的，是这次司法暴政中体现出的傲慢。五位多数意见法官，心安理得地认为，从第十四修正案通过到2003年马萨诸塞州允许同性婚姻的"古德里奇诉公共卫生部案"[20]这135年里，美国的每个州都违反了美国宪法。他们在第十四修正案中找到的"基本权利"，是被这一法案的立法者，以及之后的几乎所有人所遗漏的一项权利。他们比那些平凡的法官——像托马斯·库里、约翰·哈伦、小奥利弗·霍姆斯、莱纳德·汉德、路易斯·布兰代斯、威廉·塔夫脱、本杰明·卡多佐、雨果·布莱克、菲利克斯·法兰克福特、罗伯特·杰克逊和亨利·弗兰德利——更具远见。他们确信，人民通过第十四修正案，给予了他们以自己的"理性判断"代替民主程序的权力。这些法官知道，将婚姻限定为男女结合有违理性；他们知道，一项几乎与国家一样古

---

20 《马萨诸塞州法院判例集》第440卷，第309页；《西北地区判例汇编第二版》第798卷，第941页，2003。

老、直至 15 年前[21]仍被全世界所接受的制度，仅仅是基于无知和偏执而存在。并且他们会说，任何公民如果不接受其判决，仍支持这种直至 15 年前还为所有世代坚守的观点，就是与宪法作对。

多数意见的措辞风格与它的内容一样狂妄自负。个人的并存意见或异议意见，在思想和表达上可以放纵浮夸，乃至可以近乎愚蠢。但一份法院的官方意见绝不能如此。[22] 很明显，本案判决故作深奥，却不能自圆其说。"婚姻的本质，是在长久的结合中，夫妻二人共同实现自身的自由，例如表达的自由、性的自由，以及精神的自由。"[23] ［真的吗？是谁说性和精神（精神是什么意思？）是一种自由？如果有性自由，那么婚姻就是对这种自由的限制，不信去问那些嬉皮士。表达，当然是一种自由，但任何有长期婚姻经验的人都会告诉你，要想过得好，就得小心说话。］判决书写道："……根据时代特征，对于那些宪法所必须保护的紧迫的自由，随着人们对其定义的理解的加深，权利也得到了发

---

21 温莎案，阿利托大法官异议意见，第 7 页。
22 即使是能够成为决定性的那一票，我也绝不会赞同一份以"宪法保障受其管辖的一切人的自由，这种自由包含了每个人在法律领域定义和表达自己身份的权利"开头的判决书，这简直要让我找个地缝钻进去。美国最高法院的行文，一向遵循的是约翰·马歇尔和约瑟夫·斯托里式的严谨法律逻辑，而这份判决的风格简直沦落到像幸运曲奇袋里的神棍预言了。
23 主文第 13 页。

展。"[24][什么?对宪法所必须保护的(不知道是什么意思)紧迫的自由(不知道是什么意思)的定义(完全不知所云)理解的加深,怎么就诞生了一项新权利?]然后判决书写道:"在某个具体案件中",平等保护条款和正当程序条款之一,"更适于准确和全面地捕捉一项权利的本质","而两项条款的合力更有利于对权利进行定位和定性"。[25](这都说了些什么?正当程序条款"准确和全面"地"捕捉"了什么"本质"?这段话除了进一步强调法官"确实"喜欢那些自由和权利外,等于什么都没说。而平等保护条款在本案中的引用,只是表现出法官对那些他们"确实"不喜欢的东西的不平等对待。整段话毫无逻辑。如果说"两项条款的合力"真的"更有利于对权利进行定位和定性",那也是因为多数意见法官的好恶过于直白和一致。)类似的表述还有很多。诗歌和励志学里确实不需要逻辑性和准确性,但法律需要。本院一贯以思维清晰和分析严谨著称,今天的这份判决,已经损害了这项声誉。

* * *

傲慢源于自负,而自负导致失败。司法机构是联邦机构中对人民"最无害"的,因为它"既无强制力也无意志力,

---

[24] 主文第19页。
[25] 主文第19页。

仅行使居中裁判的权力","甚至其判决的最终生效,都最终依赖执行机构和各州的配合"。[26] 对于本应由人民决定的事务,我们干涉的愈多——并且不是以法律为依据,而是不知羞耻地以本院多数意见的"理性判断"为依据——就愈会感受到法院的这种无能。

---

[26] 《联邦党人文集》第78篇,汉密尔顿著,1961年版,第522、523页。

托马斯大法官异议意见

美国联邦最高法院

第 14-556、14-562、14-571、14-574 号

14-556 上诉人詹姆斯·奥伯格费尔等诉理查德·霍奇斯（俄亥俄州卫生部部长）等

14-562 上诉人瓦莱里娅·谭可等诉比尔·哈斯拉姆（田纳西州州长）等

14-571 上诉人艾普罗·德波尔等诉里奇·斯奈德（密歇根州州长）等

14-574 上诉人格里高利·伯克等诉斯蒂文·贝希尔（肯塔基州州长）

提审自美国第六巡回上诉法院

[2015 年 6 月 26 日]

托马斯大法官发表异议意见，斯卡利亚大法官附议。

本院今天所作的判决，不仅有违宪法，而且与那些作为我国立国之本的基本原则相冲突。早在 1787 年以前，自由就一直是被理解为人民对抗政府管制的自由，而非政府赋予人民的利益。开国先贤们制定的宪法，所要保障的正是这种理解下的自由。然而，今天的多数意见所支持的自由，却并非

先贤们所认可的自由,他们以"自由"之名援引宪法,实际上是在损害他们所要保护的自由。在整个判决中,他们始终在否认"尊严与生俱来"这项由《独立宣言》确立的基本理念,不断暗示人类的尊严是由政府赋予。这已经不仅仅是扭曲宪法条文,而且是彻底颠覆了对个人与政府关系的理解。我不能对其表示赞同。

I

今天的多数意见要求各州为同性婚姻办理登记,并承认外州缔结的同性婚姻,其主要的依据是,宪法保障公民非经"正当程序",不得被剥夺其"生命、自由和财产"。在另一个案件中,我已经解释了为什么以正当程序条款来构建一项实体性权利是危险的("麦克唐纳诉芝加哥案",《美国判例汇编》第561卷,第742、811—812页,2010,托马斯大法官并存意见)。正当程序条款的实体化有违宪法,因为宪法条文保障的"正当程序",以公民的生命、自由或财产被剥夺为前提(美国宪法第十四修正案,第1款)。并且,其进一步诱使法官"在宪法中任意遨游"——正如本案的多数意见法官——"仅凭自己的喜好"去定义宪法所保护的"基本权利"("宾夕法尼亚东南地区计划生育联盟诉凯西案",《美国判例汇编》第505卷,第833、953、965页,1992,伦奎斯特大法官并存和异议意见,引自"格里斯沃尔德诉康涅狄格州案",《美国判例汇编》第381卷,第479、502页,1965,哈伦大法官并存意见)。

游离于宪法条文之外,将正当程序条款实体化,这抬高了法官们的地位，却损害了赋予他们权利的人民的利益。上诉人诉称，各州将是否改变州宪法中婚姻传统定义的问题，交由投票解决，"这是将问题置于正常的民主程序之外"（上诉状第54页）。但上诉人想要的结果其实更加不民主，他们是在要求本院的九名法官来决定联邦宪法中的婚姻定义，从而将这一问题置于整个国家的正常民主程序之外。而本院的"勉强多数意见"，居然能仅仅依据一个"正当程序"的理由，就弹指一挥，抹去超过30个州对这一问题基于正当民主程序所得出的结论，并全然不顾将正当程序条款实体化所可能造成的危害。[1]

---

[1] 多数意见认为，他们支持的权利"属于第十四修正案保护的自由的范畴，并且也可以从该修正案的平等保护原则中推出"。尽管其强调"两项条款"有"合力作用"，但多数意见援引平等保护条款的目的，明显只是为了支持其对正当程序条款的实体化分析，而这种分析是建立在虚构的宪法基础上，与我国的历史和传统并不相符。

II

即使认为将正当程序条款实体化的逻辑成立——其实并不成立——上诉人的请求仍不能得到支持。欲援引正当程序条款——无论是"实体"意义上还是"程序"意义上——当事人必须首先证明，存在对其"生命、自由或财产"的剥夺。多数意见认为各州剥夺了上诉人的"自由"，但这里的"自由"，其实与正当程序条款中的"自由"没有任何共通之处。

A

1

正当程序条款中所指的"自由"，通常是指"决定自身行为、行动，自由迁徙，非经正当程序不受监禁和限制人身自由的权利"（布莱克斯通：《英国法释义》，1765年版，第130页）。这一定义是该条款的历史渊源，也与宪法的文本和结构一致。

正当程序条款的起源可以追溯到《大宪章》(参见"戴维森诉新奥尔良州案",《美国判例汇编》第96卷,第97、101—102页,1878)。最初的《大宪章》第39条规定:"除非依本国法律,经合法裁决,否则自由人不受逮捕、监禁、强占、驱逐、流放及任何侵害,也不受起诉和控告。"(《大宪章》第39条,参见霍华德:《大宪章及其释义》,1964年版,第43页。)尽管1215年版的《大宪章》仅生效了几周,但在1225年的修订版中,该条仍然存在,其表述为:"除非依本国法律,经合法裁决,否则自由人不受逮捕和监禁,不得被强占财产、剥夺自由,不受驱逐、流放及任何侵害,我们不得对其进行审查或定罪。"(科克:《英国法总论第二部》,1797年版,第45页。)在爱德华·科克爵士多年后对该条的解释中,"依本国法律",被理解为就是指"依普通法的正当程序"(同上,第50页)。

在17世纪《大宪章》被重新解读后(参见同上),威廉·布莱克斯通认为,该条旨在保障"每个英国人的绝对权利"(布莱克斯通书,第123页)。他认为绝对权利包括"个人安全的权利"即生命权利,"个人自由的权利",以及"私人财产的权利"(同上,第125页)。而他将"个人自由的权利",定义为"决定自身行为、行动,自由迁徙,非经正当程序不受监禁和限制人身自由的权利"(同上,第125、130

页)。[2]

开国先贤们极其重视布莱克斯通的权利框架,因此在早期各州的宪法中,相关条款完全借鉴了《大宪章》的表述,只是将其内容调整为专指"生命、自由和财产"。[3] 从建国到宪法第十四修正案通过这一段时间里,各州对"自由"的解读,几乎都是统一建立为一种物质层面的自由(参见沃伦:《宪法第十四修正案下的新"自由"》,《哈佛法律评论》,1926年第39期,第431、441—445页)。即使有案例例外地在更广义层面上使用了自由概念,也是在涉及人身保护令程序的语境下使用——而该程序无疑是与物质层面的自由相关

---

[2] 这一源头也可以在亨利·卡尔久负盛名的著述《英国的自由》中找到,该文于1721年首次在美国出版,其中写道,"英国法中……有三样东西是被首要对待和保护的",即"生命、自由和财产",而人身保护令是个人保护自身"自由"免受禁锢的途径(参见《人身保护令评论:关于英国的自由和自由人继承》,1721年版,第185页)。尽管他使用的"自由"一词更加宽泛(参见同上,第7、34、56、58、60页),但在与"生命"或"财产"并列时,他所指的"自由"是狭义的(参见同上,第185、200页)。

[3] 马里兰、北卡罗来纳州和南卡罗来纳州在相关条款中使用了"生命、自由和财产",来替代《大宪章》中的"除非依本国法律,经合法裁决,否则自由人不受逮捕和监禁,不得被强占财产、剥夺自由,不受驱逐、流放及任何侵害,我们不得对其进行审查或定罪。"(马里兰州1776年《权利宣言》,第21条,引自《殖民地时期的联邦、各州宪法与组织法》,1909年版,第1688页;南卡罗来纳州1778年宪法,第61条,引自上书,第3257页;北卡罗来纳州1776年《权利宣言》,第12条,引自上书,第2788页)。马萨诸塞州和新罕布什尔州同样如此,仅对《大宪章》条款作了适当调整:"除非依本国法律,经合法裁决,否则任何人不受逮捕、监禁、侵夺,不得被剥夺财产、豁免和特权,不得被至于法外、受到驱逐,不得被剥夺生命、自由和财产。"(马萨诸塞州1780年宪法,第1章第12条,引自上书,第1891页;新罕布什尔州1784年宪法,第1章第15条,引自上书,第2455页)。

联（同上，第441—445页）。

在制定第五修正案的正当程序条款时，立宪者同样使用了"生命、自由和财产"的表述框架，尽管他们在用语上与各州借鉴《大宪章》的方式有实质区别（参见沙特克：《联邦和各州宪法中保障"生命、自由和财产"的条款中的"自由"概念的真正含义》，《哈佛法律评论》，1890年第4期，第365、382页）。考察上述框架的发展历史，我们很难认为该条款中的"自由"，其含义超出了物质层面自由的范畴。所以，物质层面的自由才是与"生命"和"财产"并列时"自由"的应有含义（同上，第375页），这种含义也避免了"自由"受到相对于"生命"和"财产"的多余的保护。

如果第五修正案是在狭义上使用"自由"概念，那么第十四修正案也理应如此（参见"乌尔塔多诉加利福尼亚州案"，《美国判例汇编》第110卷，第516、534—535页，1884）。事实上，本院曾经指出，"当第十四修正案（与第五修正案）使用了同一用语时，其含义应与之相同，这是毫无疑问的"（同上）。本院关于第十四修正案的最早的判决，也是将"自由"视为物质层面的自由。例如，在"芒恩诉伊利诺伊州案"（《美国判例汇编》第94卷，第113页，1877）中，法官即论证了正当程序条款与《大宪章》的关系（同上，第123—124页），从而含蓄地排斥了异议意见中认为自由不限于"仅仅是物质上的自由或免于囚禁的自由"的观点

(同上，第142页，菲尔德大法官异议意见)。但近年来，本院面对这个偏离条款本义的错误时，似乎迷失了方向，没有对其予以修正。

2

即使假设宪法相关条款中的"自由"不限于物质层面的自由，其也不包含多数意见所主张的这种权利。因为在我国的立法传统中，自由从来都被理解为是人民对抗政府管制的自由，而非政府赋予人民的利益。

约翰·洛克对自由的理解影响深远，他关于"自然权利和社会契约"的著作为美国学者反复引用（贝林：《美国革命的意识形态起源》，1967年版，第27页）。洛克认为，人在自然状态下，拥有"完全的自由去决定自己的行为，处置自己的财产，只要在自然法限定的范围内，就不受其他任何人的干预和阻挠"（洛克：《政府论下篇》，1947年版，第4小节，第4页）。因为这种自然状态下个人的人身和财产安全得不到保障，人们才组建了文明社会，让渡自己部分的自由，以换取对安全的保障（参见同上，第97小节，第49页）。基于这种对秩序的允诺，人们获得了其作为公民的自由，"只有经全体国民授权的立法机关，依据其被赋予的信任而制定的法律，才能限制这种自由"（参见同上，第22小节，第13页）。[4]

这一思想弥漫在整个18世纪的美国政治舞台上。《波士顿公报》1756年的一篇社论宣称，"所谓自然状态下的自由"，是指"每个人""享有一种内在的自然权利"，"得依其自身的理由决定从事对其最有利的行为"，但"在一个社会中，每个人牺牲一小部分自由，或将其置于公共领域，以确保能长期不受限制地享有它"（《波士顿公报与乡村杂志》第58期，1756年5月10日，第1版）。类似的观点也常见于当时的各种演讲、布道会和个人信件中（参见海尼曼、卢茨：《美国建国时期的政治作品：1760—1805》，1983年版，第100、3083、85页）。

在建国时代，人们认为公民自由是一种受法律限制的自然状态下的自由，且这种自由独立于政府存在（参见汉堡：《自然权利、自然法与美国宪法》，《耶鲁法律学刊》，1993年第102期，第918—919页）。正如后来的学者指出，"18世纪的自由更接近于是一种'消极自由'，即自由是对抗各

---

[4] 洛克的思想深刻地影响了17、18世纪的其他杰出学者。例如，布莱克斯通认为，"自然状态下的自由包括了个人依其意志行动的权力，其在自然法之外不受任何限制"。公民自由"让主体完全掌控自身的行为"，除非"受人类法律的限制"（布莱克斯通书，第121—122页）。而在一项"被立法者广泛引用的论述"中，托马斯·拉瑟弗斯写道："自由，是指个人得依其意志行事，法律不得干涉；因此其也可称为个人对自身行为的决定权。"（拉瑟弗斯：《自然法总论》，1754年版，第146页。）拉瑟弗斯解释道："个人对其自身行为的决定权，只受自然法和上帝对人类提出的自律义务的限制"，并且"我们所享有的……一切超出自然法范畴的约束性权利，都来自于我们的一种事后的、明示或暗示的、对自由和行为决定权的让渡"（同上，第147—148页）。

种邪恶的社会和政治力量——包括专制政府——的工具，而不是以这些力量为来源"（里德：《美国革命时期的自由概念》，1988年版，第56页）。有学者在1776年写道："一般意义上的自由，仅仅是消极层面的，无约束即是自由。"（海伊：《对公民自由和政府原则的本质的观察》，1776年版，第13节，第8页。）当殖民者们说某项法律损害了他们的自由时，他们所指的是那些规定"禁止特定日子在街道上行走，禁止晚间特定时间出门……以及禁止他们以自己的作物从事手工生产"的法律（唐纳：《对自由之树的奉献的论述》，引自海尼曼书，第101页）。这些例子都表明自由是独立于政府之外存在的。

B

无论我们是否采用这种广义上的"自由"定义，上诉人的自由都没有被剥夺。

在相对合理的狭义"自由"定义下，上诉人不能主张其自由受到侵害。上诉人并没有因同性婚姻而受到国家的监禁或人身自由限制。相反，他们可以正常地生活和抚养子女，可以在承认同性婚姻的州公开举行婚礼，或在美国的任何州举行私人的结婚仪式。他们可以在全国自由旅行，自由定居。上诉人不仅没有在物质层面受到任何限制，而且完全可以依自身意志安排自己的生活。

而在广义的"自由"定义下，上诉人同样不能主张自由受到侵害,因为州政府根本没有限制他们行为,阻碍他们追求理想的生活。上诉人并非要求本院取消州政府对其缔结同性婚姻的限制,或对其从事同性性行为的限制,或对其在公众场合宣誓婚约或举行结婚仪式的限制,或对其抚养子女的限制。因为州政府从未作出上述限制,甚至也没有采用各种法律程序手段,诸如契约、授权书等,来阻挠上诉人的婚姻。

事实上,州政府只是拒绝对同性婚姻给予行政性的确认。上诉人诉称,作为一项"自由",他们有权被授予这项由政府控制的特权和利益。或者说,他们想要获得政府对其婚姻的"行政许可"——包括颁发结婚证、死亡证明和其他各种官方手续。并且,他们希望得到各种金钱上的利益,包括继承配偶遗产时的减税、获得配偶死亡时的工伤补偿和侵权损害赔偿等。但这种行政确认以及与其相关的利益,与立宪者所理解和认定的"自由"并没有任何关系。

立宪者认定的婚姻权这项自然权利,可以视为广义自由的一部分,但也并不包含获得行政确认及其相关利益的权利。事实上,婚姻权是反映在上诉人已经自由实施了的一些行为中——宣誓婚约、举行结婚仪式、抚养子女以及与配偶的共处等——而这些行为完全与政府无涉。根据建国时人们的理解,这些行为是先于政府存在的,根本无须政府的授权。正如洛克所说,"男女的结合造就了第一个社会,而后又诞生了父母与子女间的社会"[洛克书,第77节,第39页;另见威尔逊:《法律讲义》,《詹姆斯·威尔逊作品集

(第二卷)》，2007年版，第1068页，"婚姻制度处于社会诞生的源头"]。上诉人认为没有政府的承认，婚姻将"毫无意义"，这是对婚姻制度的误解（上诉状第33页）。

上诉人对自由的误读，也体现在他们对婚姻权相关判例的讨论中。实际上这些判例从未将"自由"的范畴扩张到消极自由以外，而都是涉及政府以某项禁令干涉私人婚姻行为的情形。例如，"洛文诉弗吉尼亚州案"（《美国判例汇编》第388卷，第1页，1967）。当事人情侣因在哥伦比亚特区的结婚和在弗吉尼亚州的同居行为，受到刑事指控（同上，第2—3页），[5]各自被判处一年监禁，并在接受不再踏足本州的条件下缓期25年执行（同上，第3页）。[6]与之类似，"扎布

---

5 上诉人及其法庭之友把将婚姻定义为男女结合的法律，与反异族通婚法相提并论，这既不准确，也令人难以接受。"美国早期的禁止异族通婚的法律，是基于奴隶制产生的。"（帕斯科：《自然起源：异族通婚法和美国种族问题的诞生》，2009年版，第19页。）例如，马里兰州1664年的法律禁止"英国自由民女性"与"黑人奴隶"结婚，该法令是作为授权殖民地实施终生奴隶制的法案特别部分而通过的（同上，第19—20页）。与之类似，弗吉尼亚州1691年通过的反异族通婚法，是"镇压边远地区奴隶法令"的一部分。直到内战时期，奴隶制的存废面临质疑，律师、立法者和法官们才开始重视异族通婚的正当性问题，并在内战后以白人至上主义为依据，对异族通婚作出了限制（同上，第27—28页）。

将婚姻定义为男女结合的法律，则没有上述令人不齿的历史。婚姻的传统定义受到所有社会的广泛认可。其初衷在于"使儿童能够在由其亲生父母组成的持续稳定的家庭中成长"，而不是发源于像奴隶制那样的肮脏制度。而任何一个文明社会，无论如何看待同性恋，都肯定了上述定义（参见《莱恩·安德森的法庭之友意见》，第11—12页，该文解释了虽然古希腊社会中同性恋大量存在，婚姻的传统定义仍受到许多古希腊著名人物的肯定）。

6 该禁令扩展到了禁止同性恋者举行宗教结婚仪式的地步，因而涉及是否违反宪法第一修正案的宗教自由条款的问题。至少一名法庭之友在其意见中指出了这一问题（参加例如洛文案，《约翰·拉塞尔等人的法庭之友意见》，第12—16页）。

洛茨基诉雷海尔案"（《美国判例汇编》第434卷，第374页，1978），涉案男子因拖欠子女抚养费而被禁止"在威斯康星州以内或以外结婚"，这也是作为一项刑事处罚（同上，第377—378、387页）。"特纳诉萨夫利案"（《美国判例汇编》第482卷，第78页，1987），该案涉及"除非有合理原因且经典狱长许可，否则服刑囚犯不得结婚"的禁令（同上，第82页）。这些判例没有一项是关于政府拒绝承认婚姻或赋予个人婚姻利益的案件。

作为对上诉人误读自由的让步，多数意见将上诉人的诉求界定为"实现……自由的方式，是与其同性伴侣缔结婚姻，并使这种婚姻受到与异性婚姻同等的法律对待"。但这里仍然存在对"自由"的表述，而这种自由也无法被上诉人实现。在哲学意义上，自由仅仅是人民对抗政府管制的自由，而不是政府赋予人民的利益。在宪法意义上，自由的内涵更为狭窄，其只代表一种物质和人身层面的自由。多数意见宣称，相对于第十四修正案的立法者，他们是本着"对于那些宪法所必须保护的紧迫的自由……定义理解的加深"，但他们的这种认识，与宪法是关乎"禁止"而非关乎"授权"的事实（"里德诉科弗特案"，《美国判例汇编》第354卷，第1、9页，1957），是完全冲突的。

III

多数意见推翻了自由原本的定义，这很可能会导致宪法对自由的其他保障制度受到伤害。

A

多数意见显然没有把民主程序视为一项对自由的保障。在文明社会的形成过程中，人们"为了团结为一个社会，而将自己的权力让渡给多数意见行使"（洛克书，第99节，第49页），但他们保留了在法律限度内行使其自由的权利（同上，第22节，第13页；海伊书，第52、54节，第30—32页）。为了保障这种自由不被专制者侵犯，他们创制了制定和实施法律的程序。在我国，这一程序主要由州一级的代议制政府实现，联邦宪法则起到最终保障的作用。一般来说，经代议制政府或公民投票认可的法案，即包含了对公民自由的维护，即使这一结果为个体所反对——事实上，几乎不可能有哪项法律是能得到所有人支持的（参见洛克书，第98节，第49页，其中指出，如果要求法律必须全体一致通过，社会将无法运行）。这种由社会缔造者所创制的程序，必须得到尊重。

在同性婚姻问题上,上述程序得到了尊重。婚姻的定义问题在各州受到热烈讨论,立法机关多次就该问题征求民意,35个州将这一问题交由人民自己决定,其中32个州的民众选择维持婚姻的传统定义(被上诉人答辩状,第1a—7a页)。即使上诉人反对这种经民主程序得出的结果,也并不能在任何程度上削弱该结果的合法性。并且他们的公民自由,已经在这一过程中得到了实现。

B

多数意见不仅破坏了以保障自由为目的的民主程序,而且威胁到了我国长期以来一直保障的宗教自由。

我国宗教自由的发展历史是为人熟知的:最初的美国移民,很多都是以实现宗教理想为目的(参见麦康奈尔:《宗教自由的起源和历史理解》,《哈佛法律评论》,1990年第103期,第1409、1422—1425页)。当到达美国大陆时,他们建立起一个又一个宗教场所(同上)。早期这些地方的传教活动与传统宗教并没有太大差异(同上)。但及至1780年,"美国迎来了一场伟大的宗教复兴",宗教活动的自由化蓬勃发展(同上,第1437页)。到1789年,除康涅狄格州外,美国各州均以宪法形式保障了宗教自由(同上,第1437页)。并且,第一修正案也将保障宗教自由写入了美国宪法。但我国对宗教自由的保障并不仅限于此,联邦和各州政府,均以各种立法重申了对宗教自由的维护（参见《1993年宗教自由恢复法令》；《美国法典》第42编，第2000bb条等）。

本案的许多法庭之友意见——即使不是站在州政府一边的——也不断提醒本院，本案的判决将"广泛和无可避免地涉及宗教自由的问题"（《基督复临安息日会教友大会法庭之友意见》，第5页）。在我国，婚姻不仅是一项行政制度，也是一项宗教制度（同上，第7页）。今天的这一判决可以改变前者，却不能改变后者，而两者的冲突将不可避免，尤其对于那些被邀请参加同性婚礼的人，以及被请求为同性婚姻背书的牧师而言。

面对这种冲突，多数意见不为所动，仅仅用一小段文字对宗教自由问题作了简单的回应。而该回应对宗教自由的理解，也与我国的传统不符。宗教自由不止于保障"宗教组织和教民……使他们能够传授那些对其生命和信仰极其重要的信条"，还涉及广泛的从事宗教行为的自由，而这一自由的范围，与法律对宗教自由的限制范围直接相关。[7]

尽管宪法提供了一些保障措施，以防止行政力量限制宗教行为，人民还是一直倾向于为宗教自由提供更多的保护。如果本院把婚姻的定义问题——如宪法要求的那样——交由

---

[7] 认为本案可能对宗教自由的威胁，这一担忧并非空穴来风。在反异族通婚法盛行的年代，弗吉尼亚州曾经对主持异族婚礼仪式的牧师追究刑事责任，尽管依据教义，牧师是被允许主持这种仪式的（《弗吉尼亚法典》，1960年版，第20—60条）。

民主程序去讨论,人们可能会在经过慎重的考虑后,认识到宗教自由与传统婚姻定义间隐含的矛盾关系。但多数意见切断了这一过程,这将可能对宗教自由带来灾难性的后果。

IV

也许是意识到本案并不涉及一般意义上的自由,多数意见又将其判决的正当性转移到实现同性恋者"尊严"的命题上(主文第3、13、26、28页)。[8] 显然,这一理由的问题在于,宪法中根本没有"尊严"条款,并且即便是有,这种尊严也不会是由政府赋予的。

在我国,人格尊严被认为是天赋的。开国先贤们在《独立宣言》中宣称"人人生而平等","造物主赋予其不可剥夺的权利",他们所描绘的是上帝创造人类并赋予其内在价值的图景。这一图景,正是本国的立国之本。

由此得出的必然结论,就是人格尊严不可能被政府剥夺。奴隶并未因政府允许他们被奴役而丧失其尊严(尽管他们遭受了非人的对待),被关押在集中营的囚犯并未因受到政府的囚禁而丧失其尊严,未享受政府福利的人也当然不会

---

8 多数意见还认为婚姻赋予人们以"高尚",我不太明白这是什么意思。个人可以选择结婚或不结婚,而前者并不比后者"高尚",认为不结婚的话就会低人一等,这种观点看似有理,实则荒谬。

因政府拒绝给予其福利而丧失其尊严。政府无法赋予尊严,也同样无法剥夺尊严。

因此,多数意见对"尊严"的思考是误导性的。所幸的是,即使存在这一错误,那些被多数意见贬低的人也仍享有其尊严;即使扭曲州政府及其辩护者的观点,这些当事人也仍享有其尊严;即使拒绝承认坚持传统婚姻定义的法律,投票支持这些法律的人也仍享有其尊严;即使废除这些法律,认同传统婚姻定义的人也仍享有其尊严;即使蔑视作为我国立国之本的自由和尊严的内涵,始终对自由和尊严保持其信仰的美国人也仍享有其尊严。

*　　　　　*　　　　　*

我们的宪法——以及《独立宣言》——都建立在一个简单的真理基础之上:个人的自由,以及尊严,是对国家权力的防御,而非由国家赋予。今天的这一判决舍弃了这一真理。为了追求他们想要的结果,多数意见法官错误地以"正当程序"条款来创造实体性权利,无视了对该条款中的"自由"的正确理解,而且彻底违背了作为我国立国之本的政治原则。这一判决,将对宪法以及整个社会,带来不可估量的恶果。我郑重地持有异议。

阿利托大法官异议意见

美国联邦最高法院

第 14-556、14-562、14-571、14-574 号

14-556 上诉人詹姆斯·奥伯格费尔等诉理查德·
霍奇斯（俄亥俄州卫生部部长）等

14-562 上诉人瓦莱里娅·谭可等诉比尔·
哈斯拉姆（田纳西州州长）等

14-571 上诉人艾普罗·德波尔等诉里奇·
斯奈德（密歇根州州长）等

14-574 上诉人格里高利·伯克等诉斯蒂文·
贝希尔（肯塔基州州长）

提审自美国第六巡回上诉法院

[2015 年 6 月 26 日]

阿利托大法官发表异议意见，斯卡利亚大法官、托马斯大法官附议。

直至联邦法院介入前，美国人民被卷入了一场关于州政府是否应当承认同性婚姻的讨论中。[1]但本案涉及的问题，并

---

1 我以"承认婚姻"这种说法，来代指办理婚姻登记和赋予州法上的婚姻权利义务。

不是各州应当如何处理同性婚姻，而是宪法是否应当对同性婚姻问题作出回应。宪法不应当回应，宪法应当将这一问题交由各州的人民决定。

I

宪法并没有对同性婚姻权作出规定,但本院判决认为,第十四修正案的正当程序条款中的"自由"概念,包含了这种权利。我国的立国之本,固然是建立在个人享有不可被剥夺的自由权利的基础之上,但自由概念的内涵范围甚广,对古典自由主义者而言,自由包含了一些目前已经被政府限制的经济权利;对社会民主主义者而言,自由可能包含享受一系列政府福利的权利。而对今天的多数意见而言,自由又有了一种独特的后现代主义的含义。

为了防止五个非民选的法官将其对自由的个人理解强加于美国人民,本院曾指出,正当程序条款保障的"自由",仅指那些"深入根植于我国历史和传统中"的权利("华盛顿诉格拉斯伯格案",《美国判例汇编》第512卷,第702、720—721页,1997)。毫无疑问,同性婚姻权并不属于这种权利(参见"美利坚合众国诉温莎案",《美国判例汇编》第570卷,2013,阿利托大法官异议意见,第7页)。事实上:

在我国，直至2003年马萨诸塞州最高法院裁定将婚姻限定为异性结合违反州宪法（参见"古德里奇诉公共卫生部案"，《马萨诸塞州法院判例集》第440卷，第309页；《西北地区判例汇编第二辑》第798卷，第941页），没有任何一个州允许同性结婚。在其他国家，同性结婚权的存在也没有历史传统，直至2000年荷兰才成为第一个允许同性结婚的国家。

因此，（要求将同性婚姻权视为宪法权利的观点）并非是要保障一种根本性的权利，而是要确认一种崭新的权利，并且他们寻求构造这种权利的方式，并非是通过民选的立法机关，而是通过非民选的法院。面对这样一种诉求，法官做判断时有理由极其谨慎和谦卑。（同上，第7—8页。）

今天的多数意见，没有顾及同性婚姻权缺乏历史根基，甚至与传统相悖的事实，法官对同性婚姻权给予宪法保护，仅仅是因为他们自己相信这是一项基本权利。

II

为了解决对本案中存在的新权利的界定问题,多数意见将这种权利归结于平等权,并且认为,既然婚姻权是一项基本权利,那么各州就没有理由拒绝承认同性情侣的这种权利。这一理由,是立足于一种对婚姻目的的特殊理解。执笔法官以崇高的辞藻,阐述其对婚姻基本目的的理解,即婚姻旨在促进幸福,提供情感慰藉,以及承诺彼此间的相互扶持。而经由个体在婚姻中得到的利益,婚姻也间接促进了整个社会的福利,因为婚姻使社会成员获得稳定、充实、彼此支持的生活环境,让每个人变得更好。由此,法官认为,国家应当鼓励和促进婚姻,给予结婚者特殊的福利,当然也包括特殊的义务。这种对国家承认婚姻所带来的意义的理解,使得多数意见认为,同性婚姻与异性婚姻一样,对国家是有利的。

上述对婚姻意义的理解,是完全聚焦于婚姻能够给人带来幸福这一点上,而这种认识也是当代社会许多人的共识。但传统上对婚姻意义的理解与此并不相同。几千年来,婚姻总是不可避免地与一个特定的目的相关联:繁衍后代,而这一目的只能由异性婚姻完成。

不同哲学理念的支持者，会以不同的理由来解释，为什么我们的社会应当促进婚姻，并赋予结婚者特殊的福利和义务。在本案中，州政府所捍卫的理念，是传统理解上的婚姻意义，并且其也以政治演说式的实用主义用语，阐述了自己的立场。州政府的基本观点是，婚姻关系与其他任何人际关系都不同，而政府促进婚姻关系的目的，在于使潜在的生殖行为，更可能发生在一个持久稳定的社会单位中，以有利于儿童的健康成长。因此，州政府认为其限制同性婚姻的行为，是有合理的现实依据的。

传统理解上的婚姻目的在当代已经并不被全然认可，这可能是因为婚姻与繁衍生殖之间的关联关系正在被削弱。例如，在我国当代，超过40%的儿童是非婚生子女。这种新的趋势，无疑既是我们对婚姻理解发生改变的一个原因，也是这种改变所带来的一个后果。

虽然对很多人来说，21世纪的婚姻，其属性已经发生了改变，但在那些不承认同性婚姻的州，对婚姻的传统式理解并未被抛弃。这些人担忧，如果官方都放弃了婚姻的传统定义，那么婚姻制度将进一步走向衰亡。无论是在我国以及与我国文化同根的国家，还是在与我国文化存在巨大差异的国家，婚姻的传统式理解都长期受到人们的支持，如果要由本院来断言一个州可以推翻这种理解，这无疑大大超出了本院的职权范围。

正如我在温莎案中所说的：

> 家庭是人类的一项古老而共通的制度。家庭是文明社会的象征，改变家庭的构成，扭转人们对婚姻和家庭的一般理解，将产生巨大的社会影响。过去一些对婚姻内涵理解的转变——例如，逐渐将爱情视为婚姻的必备条件的思潮——均产生了深远的后果。但这一转变过程本身极其复杂，是诸多因素交互作用的结果，而且往往历时长久。
>
> 如果有一天同性婚姻被广泛接受，我们可能会经历类似的过程。但这种长期的转变至少在今天看来还没有实现，在可预见的时间内也不太可能发生。一些人认为允许同性婚姻将导致对婚姻制度的严重破坏，但也有人认为对同性婚姻的承认将巩固已经摇摇欲坠的婚姻制度。
>
> 目前，没有人——包括所有的社会学家、哲学家和历史学家——可以预测对同性婚姻的广泛接受将产生何种长期的影响，而法官显然更没有做出这一评估的知识储备。本院法官的职责是解释和运用宪法，因此，如果宪法规定应当保障同性恋者结婚的权利，我们将义无反顾地支持这种权利。但问题时，宪法根本没有提及关于同性婚姻的问题。在我国的政治体制中，人民享有至高的权力，因此人民有权决定自己的命运，任何一个如此事关重大的议题，都应当交给由人民选择的公职人员来决定。（温莎案，阿利托大法官异议意见，第8—10页。）

III

宪法赋予人民决定是否改变婚姻传统定义的权利,而今天的判决篡夺了这一权利。并且,这一判决还会产生其他的严重后果。

可以预见,本案的判决会被援引,以用来打击那些不愿接受新的社会主流观点的人们。多数意见在论证中,将传统婚姻法与那些拒绝给予非裔和妇女平等对待的法律相提并论。这种类比逻辑,将被那些意图铲除一切异己意见的人所利用。

可能是意识到自己的说理可能被利用,在判决书末尾,多数意见试图向那些反对同性婚姻的人保证,他们的权利将受到保护。对于这种保证的效果,我们将拭目以待。我猜想,以后那些持传统认知的人,将只敢在自己家里偷偷表达意见,如果他们在公众场合重复自己的观点,他们将可能被贴上"偏见者"的标签,并将受到政府、雇主和学校的不公正对待。

我国宪法所构建的联邦体制,使得持不同信仰的人,能够共同生活在一个统一的国家。如果同性婚姻问题是交由各州人民决定,那么可能有些州会承认同性婚姻,有些州则不会。并且,各州很有可能会采取措施,以保障异议者坚持自我主张的权利。但今天的多数意见使这些都不可能实现。多数意见将自己的观点强加于整个国家,许多持传统立场的美国人将因此而被社会边缘化,这不禁让人回忆起过去同性恋者们所遭遇的粗暴对待。也许有人会认为这是天道轮回吧,但如果这种情绪真的蔓延开来,我们的国家将面临持续的苦痛。

今天的判决也会对本院及其维护法律的职能,产生根本性的影响。如果一个勉强多数意见即足以创制一种权利并将其强制推广于全国,那么未来能够制约本院法官为所欲为的,就只剩下他们自己对于某些政治权力和文化影响的敬畏了。即使是激进的同性婚姻支持者,也应当警惕本案判决所带来的对法官权力的扩张。

今天的判决表明,几十年来我们抑制最高法院滥用权力的尝试失败了,我们由此学到的教训是,再怎么宣扬宪法解释的正途,或强调司法克制的美德,都敌不过受到诱惑、为实现所谓的高尚,而不择手段的心。我确信赞同多数意见的法官,是真诚地在宪法中找到了自己理解的那种自由,但这种真诚并不会让人心安理得,而只会引起忧虑,因为它表明,我国法律文化所认同的关于宪法解释的理念,正在受到强烈乃至不可挽回的破坏。

对于今天的判决,绝大多数美国人将因其对同性婚姻所持的立场,或欢欣鼓舞,或黯然哀叹——这都可以理解。但除此之外,无论持何种立场,美国人民都理应为本判决所包含的权力隐喻而倍感担忧。

附录 A
联邦和各州法院关于同性婚姻问题的判决

联邦上诉法院判决

Adams v. *Howerton*, 673 F. 2d 1036（CA9 1982）

Smelt v. *County of Orange*, 447 F. 3d 673（CA9 2006）

Citizens for Equal Protection v. *Bruning*, 455 F. 3d 859（CA8 2006）

Windsor v. *United States*, 699 F. 3d 169（CA2 2012）

Massachusetts v. *Department of Health and Human Services*, 682 F. 3d 1（CA1 2012）

Perry v. *Brown*, 671 F. 3d 1052（CA9 2012）

Latta v. *Otter*, 771 F. 3d 456（CA9 2014）

Baskin v. *Bogan*, 766 F. 3d 648（CA7 2014）

Bishop v. *Smith*, 760 F. 3d 1070（CA10 2014）

Bostic v. *Schaefer*, 760 F. 3d 352（CA4 2014）

Kitchen v. *Herbert*, 755 F. 3d 1193（CA10 2014）

DeBoer v. *Snyder*, 772 F. 3d 388（CA6 2014）

Latta v. *Otter*, 779 F. 3d 902（CA9 2015）（O'Scannlain, J., dissenting from the denial of rehearing en banc）

联邦地方法院判决

Adams v. *Howerton*, 486 F. Supp. 1119 (CD Cal. 1980)

Citizens for Equal Protection, Inc. v. *Bruning*, 290 F. Supp. 2d 1004 (Neb. 2003)

Citizens for Equal Protection v. *Bruning*, 368 F. Supp. 2d 980 (Neb. 2005)

Wilson v. *Ake*, 354 F. Supp. 2d 1298 (MD Fla. 2005)

Smelt v. *County of Orange*, 374 F. Supp. 2d 861 (CD Cal. 2005)

Bishop v. *Oklahoma ex rel. Edmondson*, 447 F. Supp. 2d 1239 (ND Okla. 2006)

Massachusetts v. *Department of Health and Human Services*, 698 F. Supp. 2d 234 (Mass. 2010)

Gill v. *Office of Personnel Management*, 699 F. Supp. 2d 374 (Mass. 2010)

Perry v. *Schwarzenegger*, 704 F. Supp. 2d 921 (ND Cal. 2010)

Dragovich v. *Department of Treasury*, 764 F. Supp. 2d 1178 (ND Cal. 2011)

Golinski v. *Office of Personnel Management*, 824 F. Supp. 2d 968 (ND Cal. 2012)

Dragovich v. *Department of Treasury*, 872 F. Supp. 2d 944

(ND Cal. 2012)

Windsor v. *United States*, 833 F. Supp. 2d 394 (SDNY 2012)

Pedersen v. *Office of Personnel Management*, 881 F. Supp. 2d 294 (Conn. 2012)

Jackson v. *Abercrombie*, 884 F. Supp. 2d 1065 (Haw. 2012) Nov. 14, 2013)

Sevcik v. *Sandoval*, 911 F. Supp. 2d 996 (Nev. 2012)

Merritt v. *Attorney General*, 2013 WL 6044326 (ML La., Nov. 14, 2013)

Gray v. *Orr*, 4 F. Supp. 3d 984 (ND Ill. 2013)

Lee v. *Orr*, 2013 WL 6490577 (ND Ill., Dec. 10, 2013) 1252 (ND Okla. 2014)

Kitchen v. *Herbert*, 961 F. Supp. 2d 1181 (Utah 2013)

Obergefell v. *Wymyslo*, 962 F. Supp. 2d 968 (SD Ohio 2013)

Bishop v. *United States ex rel. Holder*, 962 F. Supp. 2d 1252 (ND Okla. 2014)

Bourke v. *Beshear*, 996 F. Supp. 2d 542 (WD Ky. 2014)

Lee v. *Orr*, 2014 WL 683680 (ND Ill., Feb. 21, 2014)

Bostic v. *Rainey*, 970 F. Supp. 2d 456 (ED Va. 2014)

De Leon v. *Perry*, 975 F. Supp. 2d 632 (WD Tex. 2014)

Tanco v. *Haslam*, 7 F. Supp. 3d 759 (MD Tenn. 2014)

DeBoer v. *Snyder*, 973 F. Supp. 2d 757 (ED Mich. 2014)

Henry v. *Himes*, 14 F. Supp. 3d 1036 (SD Ohio 2014)

Latta v. *Otter*, 19 F. Supp. 3d 1054 (Idaho 2014)

Geiger v. *Kitzhaber*, 994 F. Supp. 2d 1128 (Ore. 2014)

Evans v. *Utah*, 21 F. Supp. 3d 1192 (Utah 2014)

Whitewood v. *Wolf*, 992 F. Supp. 2d 410 (MD Pa. 2014)

Wolf v. *Walker*, 986 F. Supp. 2d 982 (WD Wis. 2014)

Baskin v. *Bogan*, 12 F. Supp. 3d 1144 (SD Ind. 2014)

Love v. *Beshear*, 989 F. Supp. 2d 536 (WD Ky. 2014)

Burns v. *Hickenlooper*, 2014 WL 3634834 (Colo., July 23, 2014)

Bowling v. *Pence*, 39 F. Supp. 3d 1025 (SD Ind. 2014)

Brenner v. *Scott*, 999 F. Supp. 2d 1278 (ND Fla. 2014)

Robicheaux v. *Caldwell*, 2 F. Supp. 3d 910 (ED La. 2014)

General Synod of the United Church of Christ v. *Resing-er*, 12 F. Supp. 3d 790 (WDNC 2014)

Hamby v. *Parnell*, 56 F. Supp. 3d 1056 (Alaska 2014)

Fisher-Borne v. *Smith*, 14 F. Supp. 3d 695 (MDNC 2014)

Majors v. *Horne*, 14 F. Supp. 3d 1313 (Ariz. 2014)

Connolly v. *Jeanes*, ____ F. Supp. 3d ____, 2014 WL 5320642 (Ariz., Oct. 17, 2014)

Guzzo v. *Mead*, 2014 WL 5317797 (Wyo., Oct. 17, 2014)

Conde-Vidal v. *Garcia-Padilla*, 54 F. Supp. 3d 157 (PR

2014) *Marie* v. *Moser*, ____ F. Supp. 3d ____, 2014 WL 5598128

Rolando v. *Fox*, 23 F. Supp. 3d 1227 (Mont. 2014)

Jernigan v. *Crane*, ____ F. Supp. 3d ____, 2014 WL

Lawson v. *Kelly*, 58 F. Supp. 3d 923 (WD Mo. 2014)

McGee v. *Cole*, ____ F. Supp. 3d ____, 2014 WL 5802665 (SD W. Va., Nov. 7, 2014)

Condon v. *Haley*, 21 F. Supp. 3d 572 (S. C. 2014)

Bradacs v. *Haley*, 58 F. Supp. 3d 514 (S. C. 2014) 6685391 (ED Ark., Nov. 25, 2014)

Campaign for Southern Equality v. *Bryant*, ____ F. Supp. 3d ____, 2014 WL 6680570 (SD Miss., Nov. 25, 2014)

Inniss v. *Aderhold*, ____ F. Supp. 3d ____, 2015 WL 300593 (ND Ga., Jan. 8, 2015)

Rosenbrahn v. *Daugaard*, 61 F. Supp. 3d 862 (S. D., 2015)

Caspar v. *Snyder*, ____ F. Supp. 3d ____, 2015 WL 224741 (ED Mich., Jan. 15, 2015)

Searcey v. *Strange*, 2015 U. S. Dist. LEXIS 7776 (SD Ala., Jan. 23, 2015)

Strawser v. *Strange*, 44 F. Supp. 3d 1206 (SD Ala. 2015)

Waters v. *Ricketts*, 48 F. Supp. 3d 1271 (Neb. 2015)

州最高法院判决

Baker v. *Nelson*, 291 Minn. 310, 191 N. W. 2d 185 (1971)

Jones v. *Hallahan*, 501 S. W. 2d 588 (Ky. 1973)

Baehr v. *Lewin*, 74 Haw. 530, 852 P. 2d 44 (1993)

Dean v. *District of Columbia*, 653 A. 2d 307 (D. C. 1995)

Baker v. *State*, 170 Vt. 194, 744 A. 2d 864 (1999)

Brause v. *State*, 21 P. 3d 357 (Alaska 2001) (ripeness)

Goodridge v. *Department of Public Health*, 440 Mass. 309, 798 N. E. 2d 941 (2003)

In re Opinions of the Justices to the Senate, 440 Mass. 1201, 802 N. E. 2d 565 (2004)

Li v. *State*, 338 Or. 376, 110 P. 3d 91 (2005)

Cote-Whitacre v. *Department of Public Health*, 446 Mass. 350, 844 N. E. 2d 623 (2006)

Lewis v. *Harris*, 188 N. J. 415, 908 A. 2d 196 (2006)

Andersen v. *King County*, 158 Wash. 2d 1, 138 P. 3d 963 (2006)

Hernandez v. *Robles*, 7 N. Y. 3d 338, 855 N. E. 2d 1 (2006)

Conaway v. *Deane*, 401 Md. 219, 932 A. 2d 571 (2007)

In re Marriage Cases, 43 Cal. 4th 757, 183 P. 3d 384

(2008)

Kerrigan v. *Commissioner of Public Health*, 289 Conn. 135, 957 A. 2d 407 (2008)

Strauss v. *Horton*, 46 Cal. 4th 364, 207 P. 3d 48 (2009)

Varnum v. *Brien*, 763 N. W. 2d 862 (Iowa 2009)

Griego v. *Oliver*, 2014-NMSC-003, ___ N. M. ___, 316 P. 3d 865 (2013)

Garden State Equality v. *Dow*, 216 N. J. 314, 79 A. 3d 1036 (2013)

Ex parte State ex rel. Alabama Policy Institute, ___ So. 3d ___, 2015 WL 892752 (Ala., Mar. 3, 2015)

附录 B
各州立法和司法机构关于同性婚姻合法化的决议

立法决议

Del. Code Ann. , Tit. 13, § 129 (Cum. Supp. 2014)

D. C. Act No. 18-248, 57 D. C. Reg. 27 (2010)

Haw. Rev. Stat. § 572 -1 (2006 and 2013 Cum. Supp.)

Ill. Pub. Act No. 98-597

Me. Rev. Stat. Ann. , Tit. 19, § 650-A (Cum. Supp. 2014)

2012 Md. Laws p. 9

2013 Minn Laws p. 404

2009 N. H. Laws p. 60

2011 N. Y Laws p. 749

2013 R. I. Laws p. 7

2009 Vt. Acts & Resolves p. 33

2012 Wash. Sess. Laws p. 199

司法决议

Goodridge v. *Department of Public Health*, 440 Mass. 309, 798 N. E. 2d 941 (2003)

Kerrigan v. *Commissioner of Public Health*, 289 Conn. 135, 957 A. 2d 407 (2008)

Varnum v. *Brien*, 763 N. W. 2d 862 (Iowa 2009)

Griego v. *Oliver*, 2014-NMSC-003, ____ N. M. ____, 316 P. 3d 865 (2013)

Garden State Equality v. *Dow*, 216 N. J. 314, 79 A. 3d 1036 (2013)

术语英汉对照表

《1993年宗教自由恢复法令》 Religious Freedom Restoration Act of 1993

阿德金斯诉特区儿童医院案 Adkins v. Children's Hospital of D. C.

艾森斯塔特诉贝尔德案 Eisenstadt v. Baird

安东尼奥独立学院区诉罗德里格斯案 San Antonio Independent School Dist. v. Rodriguez

奥尔诉奥尔案 Orr v. Orr

奥姆斯特德诉美利坚合众国案 Olmstead v. United States

奥斯汀市西北一区诉霍尔德案 Northwest Austin Municipal Util. Dist. No. One v. Holder

《保卫婚姻法案》 Defense of Marriage Act

鲍尔斯诉哈德威克案 Bowers v. Hardwick

贝尔诉卢因案 Baehr v. Lewin

贝克诉尼尔森案 Baker v. Nelson

比尔登诉佐治亚州案 Bearden v. Georgia

宾夕法尼亚东南地区计划生育联盟诉凯西案 Planned Parenthood of Southeastern Pa. v. Casey

《波士顿公报与乡村杂志》 *Boston Gazette and Country Journal*

《布莱克法律词典》 *Black's Law Dictionary*

布朗诉布曼案 Brown v. Buhman

《大宪章及其释义》 *Magna Carta: Text and Commentary*

戴维森诉新奥尔良州案 Davidson v. New Orleans

德波尔诉斯奈德案 DeBoer v. Snyder

德雷德·斯科特诉桑福德案 Dred Scott v. Sand-ford

德沙尼诉温纳贝戈县社会服务部案 DeShaney v. Winnebago County Dept. of Social Servs.

邓肯诉路易斯安那州案 Duncan v. Louisiana

第三司法区检察署诉奥斯伯恩案 District Attorney's Office for Third Judicial Dist. v. Osborne

《对"活的"宪法的理解》 The Notion of a Living Constitution

《对公民自由和政府原则的本质的观察》 Observations on the Nature of Civil Liberty and the Principles of Government

《对异族通婚的法定禁令的评论》 Comment, Statutory Prohibitions Against Interracial Marriage

《对自由之树的奉献的论述》 A Discourse at the Dedication of the Tree of Liberty

《多角恋：新的性取向变革?》 Polyamory: The Next Sexual Revolution?

《俄亥俄州法典》 Ohio Rev. Code Ann.

弗格森诉斯克鲁帕案 Ferguson v. Skrupa

术语英汉对照表

《弗兰德利大法官在"罗伊诉韦德案"中未用的意见草稿》 Before Roe v. Wade: Judge Friendly's Draft Abortion Opinion

弗朗蒂罗诉理查森案　Frontiero v. Richardson

格里斯沃尔德诉康涅狄格州案　Griswold v. Connecticut

《共和誓言：关于婚姻与国家的历史》　*Public Vows: A History of Marriage and the Nation*

古德里奇诉公共卫生部案　Goodridge v. Department of Public Health

华盛顿诉格拉斯伯格案　Washington v. Glucksberg

《婚姻的历史》　*Marriage, A History*

《婚姻法和离婚法释义》　Commentaries on the Law of Marriage and Divorce

《婚姻体系的历史》　*A History of Marriage Systems*

《婚姻问题》　*The Marriage Problem*

《霍华德判例汇编》第 X 卷, 第 XX 页　X How. XX

基钦诉赫伯特案　Kitchen v. Herbert

基希贝格诉芬斯特拉案　Kirchberg v. Feenstra

加里法诺诉戈德法布案　Califano v. Goldfarb

加里法诺诉威斯科特案　Califano v. Westcott

《精神病学学刊》　*Am. J. Psychiatry*

《就"罗伊诉韦德案"关于自治和平等的一些思考》　Some Thoughts on Autonomy and Equality in Relation to Roe v. Wade

柯林斯诉哈克高地案　Collins v. Harker Heights

克利夫兰教育委员会诉拉弗尔案　Cleveland Bd. of Ed. v. LaFleur

洛文诉弗吉尼亚州案　Loving v. Virginia

劳伦斯诉得克萨斯州案　Lawrence v. Texas

《礼记》　*Li Chi*: *Book of Rites*

里德诉里德案　Reed v. Reed

雷诺诉弗洛里斯案　Reno v. Flores

《立宪者对婚姻与家庭、婚姻的内涵的认识》　The Framers' Idea of Marriage and Family, in The Meaning of Marriage

《联邦党人文集》　*The Federalist*

《联邦和各州宪法中保障"生命、自由和财产"的条款中的"自由"概念的真正含义》　The True Meaning of the Term "Liberty" in Those Clauses in the Federal and State Constitutions Which Protect "Life, Liberty, and Property"

《联邦判例汇编》第三辑，第 X 卷，第 XX 页　X F. 3d XX

美利坚合众国诉萨勒诺案　United States v. Salerno

美利坚合众国诉温莎案　United States v. Windsor

《论美国的民主》　*Democracy in America*

《论义务》　*De Officiis*

罗莫诉埃文斯案　Romer v. Evans

洛克纳诉纽约州案　Lochner v. New York

《马萨诸塞州法院判例集》第 X 卷，第 XX 页　X Mass. XX

麦克唐纳诉芝加哥案　McDonald v. Chicago

梅纳德诉希尔案　Maynard v. Hill

梅耶诉内布拉斯加州案　Meyer v. Nebraska

《美国法典》第 X 编，第 XX 条　X U. S. C. §XX

《美国革命的意识形态起源》　*The Ideological Origins of the American Revolution*

《美国革命时期的自由概念》　*The Concept of Liberty in the Age of the American Revolution*

《美国各州的婚姻平权状况》　*The State of Marriage Equality in America, State-by-State Supp.*

《美国建国时期的政治作品：1760—1805》　*American Political Writing During the Founding Era 1760—1805*

《美国判例汇编》第 X 卷，第 XX 页　X U. S. XX

《美国英语大词典》　*An American Dictionary of the English Language*

《密苏里妥协法案》　Missouri Compromise

《民主与不信任》　*Democracy and Distrust*

明尼苏达州共和党诉怀特案　Republican Party of Minn. v. White

墨菲诉拉姆西案　Murphy v. Ramsey

穆尔诉东克利夫兰案　Moore v. East Cleveland

皮尔斯诉姐妹会案　Pierce v. Society of Sisters

平等保护公民组织诉布鲁宁案　Citizens for Equal Protection v.

Bruning

波诉乌尔曼案　Poe v. Ullman

琼斯诉哈勒汉案　Jones v. Hallahan

《权利法案》　The Bill of Rights

《人身保护令评论：关于英国的自由和自由人继承》　The Habeas Corpus Act, comment., in English Liberties, or the Free-born Subject's Inheritance

《三人不成群：群婚权作为宪法权利的案例》　Three May Not Be a Crowd: The Case for a Constitutional Right to Plural Marriage

《社会静力学》　*Social Statics*

舒特诉 BAMN 案　Schuette v. BAMN

斯金纳诉俄克拉荷马州案　Skinner v. Oklahoma ex rel. Williamson

斯奈德诉马萨诸塞州案　Snyder v. Massachusetts

《太平洋地区判例汇编》第二辑，第 X 卷，第 XX 页　X P. 2d XX

特罗克塞尔诉格兰维尔案　Troxel v. Granville

特纳诉萨夫利案　Turner v. Safley

天灿芯照明公司诉密苏里州案　Day-Brite Lighting, Inc. v. Missouri

威廉森诉李光学公司案　Williamson v. Lee Optical of Okla., Inc.

威廉诉北卡罗来纳州案　Williams v. North Carolina

维恩伯格诉维森费尔德案　Weinberger v. Wiesenfeld

《未经列举的权利与司法的克制》　Unenumerated Rights and the Dictates of Judicial Restraint

温格勒诉德拉基斯公司案　Wengler v. Druggists Mut. Ins. Co.

《西北地区判例汇编》第二辑，第X卷，第XX页　X N. E. 2d XX

西弗吉尼亚教育委员会诉巴尼特案　West Virginia Bd. of Ed. v. Barnette

《西南地区判例汇编》第二辑，第X卷，第XX页　X S. W. 2d XX

希腊镇诉加洛韦案　Town of Greece v. Galloway

《夏威夷州法院判例汇编》第X卷，第XX页　X Haw. XX

《宪法第十四修正案下的新"自由"》　The New "Liberty" Under the Fourteenth Amendment

《修女安魂曲》　*Requiem for a Nun*

《英国法释义》　*Commentaries on the Laws of England*

《英国法总论第二部》　*The Second Part of the Institutes of the Laws of England*

扎布洛茨基诉雷海尔案　Zablocki v. Redhail

《政府论下篇》　*Second Treatise of Civil Government*

《殖民地时期的联邦、各州宪法与组织法》　Federal and

State Constitutions, Colonial Charters, and Other Organic Laws 1688

《自然起源:异族通婚法和美国种族问题的诞生》 *What Comes Naturally: Miscegenation Law and the Making of Race in America*

《自然权利、自然法与美国宪法》 *Natural Rights, Natural Law, and American Constitutions*

《宗教自由的起源和历史理解》 *The Origins and Historical Understanding of Free Exercise of Religion*

《佐治亚州法典》 Ga. Code Ann.

自由的新生？——奥伯格费尔诉霍奇斯案[*]

吉野贤治（Kenji Yoshino）[**]

经肯尼迪大法官的庄严宣示，"奥伯格费尔诉霍奇斯案"判决已然生效。该判决的勉强多数意见认为，根据宪法第十四修正案，各州应履行和承认同性个体间的婚姻。多数意见以这样振聋发聩的语言来描述原告："他们不想被世人指责，孤独终老，受斥于文明社会最悠久的制度之外。他们寻求法律眼中的平等和尊严，而宪法，赋予了他们这一权利。"

奥伯格费尔案的直接影响，是实现了全国范围内的同性婚姻合法化，但从长远来看，其造成的冲击远不止于此。试想，本案的判决意见本可以用一种狭窄得多的视角来书写。其在引用平等保护和正当程序条款时，本无需确立一个正式的审查标准，而只需指出，各州持有的辩护理由不足以满足基本的形式审查要求。在过往的同性恋权利案件中，最高法院均是采用这样的策略。

然而，最高法院采用的是堪比废除跨种族婚姻禁令的"洛文诉弗吉尼亚州案"的摧枯拉朽式的叙述模式。与洛文

---

[*] 本文原载于《哈佛法律评论》第129期，第145页。翻译过程中有删节。
[**] 纽约大学法学院"厄尔·沃伦首席大法官"宪法学讲席教授（Chief Justice Earl Warren Professor of Constitutional Law）。

案一样，奥伯格费尔案认为本案中的结婚禁令不仅违反了正当程序条款，也违反了平等保护条款。但奥伯格费尔案与洛文案有两点不同。洛文案中，相对于自由，法官更强调平等；奥伯格费尔案中，法官则是以自由为核心，以平等为附带依据。并且，奥伯格费尔案更加强调自由与平等的内在交织关系。

如此一来，奥伯格费尔案已经远不止是一项关于民事权利的标志性判决，其实质性地改变了正当程序原则的法理基础。本文将着重探讨奥伯格费尔案何以开启了这项重大的议题。

Ⅰ. 自由的界限

一个多世纪以来,最高法院一直致力于解决哪些未经列举的权利受宪法第五修正案和第十四修正案保护的问题。最高法院在这一问题上并不持极端立场。一方面,如果认为宪法不保护任何未经列举的权利,这种观点显然会导致各种窘境。第九修正案的文本中本身就包含了对未经列举的权利的保障。并且,最高法院也事实上承认了许多未经列举的权利——包括儿童的受教育和抚养权、生育权、身体权、避孕权、堕胎权、性权利,以及当然的,婚姻权。另一方面,最高法院也不认为自己有权不受约束地任意创设未经列举的权利,并认识到其"一贯并不倾向于扩大正当程序实体化的范围,因为在这一宪法未明文规定的领域作出的负责任的决定,应当是高度慎重和开放性的"。因此,我们此处讨论的,乃是一个法域中复杂的模糊区域。

在解决这个模糊区域问题的过程中,最高法院形成了两种相反的解决路径。一种是普通法式的开放性路径,其形成主要与哈伦大法官在"波诉乌尔曼案"中的异议意见有关(该意见由于被"宾夕法尼亚东南地区计划生育联盟诉凯西案"的多数意见采纳而获得先例效力)。另一种是由"华盛顿诉格拉斯伯格案"多数意见发展起来的更加公式化的封闭性路径。奥伯格费尔案并没有明确地去区分这两种模式,但无疑更接近波案的路径。

在1961年的波案中,最高法院判决一项针对避孕措施的刑事禁令有效。多数意见回避了该法令的合宪性问题,认为判断该法令是否合宪,尚无成熟稳定的基础依据。在异议意见中,哈伦大法官坚持认为最高法院应当直面问题,并借这一契机形成对于某项权利是否受正当程序条款保护的判断标准。在该意见中,哈伦大法官勾勒出了一种平衡式的方法论,用以合理地权衡个人自由与政府利益之间的矛盾。这种路径虽然往往与传统相悖,但却也因此不再受过往经验的束缚,并且哈伦大法官认为,传统本身就是"活的"。

在"华盛顿诉格拉斯伯格案"中,最高法院则采用了一种截然不同的分析路径。多数意见认为,一项正当程序条款保护的自由权利,应当"深植于我国历史和传统中","是秩序性的自由概念所包含的应有之义"。并且,其应当被"谨慎描述为一种已被确认的基本自由中所包含的利益"。最后,格拉斯伯格案暗示,最高法院应当更倾向于认定从权利中"导出"的消极自由,而非"导致"权利的积极自由——当然,其并没有明确要求被主张的权利一定是"消极权利"。而这三项限制——传统的限制、具体性的限制以及消极权利的限制——构成了完全区别于波案的方法论。

A. 传统

在格拉斯伯格案中,最高法院指出,正当程序条款保护基本权利和自由,这些权利是"客观并且深植于我国历史和传统中的",且"是秩序性的自由概念所包含的应有之义",以至于"如果这些权利被牺牲,那么自由和正义都将无法实现"。格拉斯伯格案中的这两条准则并非凭空产生。例如,在1986年的"鲍尔斯诉哈德威克案"中,最高法院即是援引这两条准则判决同性性行为权利不属于正当程序条款的保护范畴:

> 要使法院自身和公众确信一项未被宪法文本明确承认的权利,仅根据法官自己对国家和联邦政府的价值认知作出判断是远远不够的,法官必须深入发掘出这项试图得到更高司法保护的权利之本质。"帕尔科诉康涅狄格州案"(1937)要求,这种权利应当包含基本自由,"是秩序性的自由概念所包含的应有之义",以至于"如果这些权利被牺牲,那么自由和正义都将无法实现"。另一项对基本自由的描述出现在"穆尔诉东克利夫兰案"(1997)(鲍威尔大法官意见)中,在该案中,基本自由被描述为那些"深植于我国历史和传统中的"自由。很明显,上述两项判断准则都不能使我们得出结论,认为同性间从事自愿的性行为包含基本权利。对这

一行为的禁止自古有之……因此，认为从事这种行为的权利是"深植于我国历史和传统中"或"是秩序性的自由概念所包含的应有之义"，这无疑是荒谬的。

在鲍尔斯案中，最高法院多数意见援引了两项准则——传统准则和"秩序性的自由概念"准则。

然而，由于鲍尔斯案合议庭认为该案中的权利不符合两项准则中的任何一项，因此也就无需阐明，是否这两项准则都得符合，才能认定一项基本权利。这就为后来的案件讨论，留下了逃离传统准则的空间。毕竟，"秩序性的自由概念"，其含义是时时变化的——一项没有历史起源的权利，也可能基于保障秩序性的自由的理由，而成为必要的权利。因此，如果仍把鲍尔斯案作为评估的标准，其后案件中的法官也完全可以回避历史的质询。而格拉斯伯格案将两个准则联系起来，使得传统这一准则变得不可回避。

事实上，格拉斯伯格案之后的法官往往重视传统准则甚于"秩序性的自由概念"准则。在定义正当程序条款下的"新"权利时，即使在最激进的情况下，法官也会对传统准则报以关注。在"罗伊诉韦德案"中，最高法院以十八页的篇幅来论证，严峻的堕胎禁令仅是"相对晚近的历史产物"。类似的，在"劳伦斯诉得克萨斯州案"中，最高法院也以较长的篇幅，阐明历史上对非正常体位性交的禁令，总体上是既针对同性性行为也针对异性性行为的。当然，上述案件中关于历史的描述可能与其论证的重点稍有偏差——一项权利在历史上不受强烈干涉，与一项权利受到历史的强烈支持，这两种情况是有差别的。但这种略显多余的分析，恰恰反映了一种法官需要从历史中寻找论据的强制机制。

在学术著作中，卡斯·桑斯坦教授认为，正当程序条款是"回顾性"的，与"展望性"的平等保护条款有所区别。在1988年的文章中，他写道："最初，正当程序条款主要（虽然并非绝对）被用来保障传统实践不受短期背离的影响。"他阐释道，该条款"旨在限制那些对历史不够敏感的、临时性的多数群体的意见给社会带来的改变"。而平等保护条款，则"被理解为旨在保障弱势群体不会受到差别对待，而这种差别对待的实践往往是长期和根深蒂固的"。

在鲍尔斯案业已定论之际，桑斯坦对该案的解读探讨，在我看来，可以视为对类似案件的一种英雄主义式的鼓舞——这相当于强调，在保障同性恋群体权利的案件中，正当程序条款的引用失败，并不能阻止平等保护条款的引用。但这一论点遭遇了现实的打击。鲍尔斯案后一年，在"帕杜拉诉韦伯斯特案"中，特区巡回法院驳斥了一项基于性取向而要求平等保护的诉讼请求。法院认为："如果最高法院都不反对州法将一种足以定义该群体的行为视为犯罪，那么低级法院也很难得出结论，认为州法对该群体的区别对待是有害的。"几年后，在"罗莫诉埃文斯案"中，判决意见认为反同性恋法理违反了平等保护条款，斯卡利亚大法官对此表示强烈反对,他坚持认为鲍尔斯案已经排斥了这一诉求,并借鉴了帕杜拉案的判决意见。

然而,塞翁失马,焉知非福。如果我对桑斯坦的思路理解正确,那么只能说,这种思路是得不偿失的。因为这种思路,虽然保留了平等保护条款对同性恋群体的保障空间,但其代价却是将正当程序条款整体上保守化了。

实际上,一种更好的思路是直接认定鲍尔斯案的结论错误。最高法院在2003年的劳伦斯案中最终也确实是这样做的。如前文所述,在该案的判决意见前段,最高法院的确对历史因素给予了足够尊重。但判决意见的后段,戏剧性地以对正当程序条款的分析,打破了历史的枷锁:

> 如果制定和通过宪法第五修正案和第十四修正案的人们认识到了自由要素中所包含的各种可能性,他们一定会将其描述得更为具体。但他们知道自己并没有如此洞见。他们知道时代会掩盖真相,后来人会发觉,一度被认为是恰当必要的法律,实际上只会带来压迫。宪法长存,每一代人都应能以自己对自由的更深的理解,来诠释宪法中的原则。

基于立宪者在第十四修正案中将"自由"保持抽象这一事实,肯尼迪大法官认为,他们实际上是将这一术语的定义留待后来人去探寻。

在劳伦斯案定案之际,我们很难看出这一最终陈词与格拉斯伯格案形成的判断标准之间的关系。并且,值得一提的是,尽管肯尼迪大法官在格拉斯伯格案中所持的是多数意见,但他在劳伦斯案判决意见中却通篇未提及格拉斯伯格案。这一引用上的缺失,也使得格拉斯伯格案在劳伦斯案判决意见中所处的地位显得扑朔迷离。

B. 具体性

格拉斯伯格案所提出的第二项限定条件,是具体性。在格拉斯伯格案中,最高法院要求,正当程序条款的实体化运用,应当包含对案件中的基本自由利益的"谨慎的描述"。为了理解所谓的"谨慎的描述",我们需要回顾1989年的"迈克尔·H. 诉杰拉德·D. 案",该案引发了最高法院大法官对一项问题的巨大争议,即在定义一项自由利益时,应当将其具体化到何种程度。该案案情是,一位名叫卡罗尔的女性与一位名叫杰拉德的男性结婚,但其生下的孩子,维多利亚,几乎可以肯定是另一位名叫迈克尔的男性的孩子。迈克尔诉称,其依据实体化的正当程序条款,有权与享有其基因的后代保持法律上的关系。最高法院驳回了其请求。在一份四名大法官赞同的多数意见中,斯卡利亚大法官写道:"我们的传统保障基于婚姻产生的家庭(杰拉德、卡罗尔,以及他们认为的他们自己的孩子),而不是迈克尔所指的那种家庭。"并且,他提出了一种具体性程度的确定方法。

斯卡利亚大法官设想存在这样一个权利的阶梯：(1)"生父对通奸所生子女的权利"；(2)"一般的生父权利"；(3)"亲权"；(4)"家庭关系"中的权利；(5)基于"个人关系"发生的权利；(6)"一般的情感依附"而产生的权利。他的方法要求法官在这个阶梯上层层检验，考察在特定的梯层上是否存在传统以支持或否定某项权利。在本案中，由于长期的传统并不支持基因层面的父母对非婚生子女的权利（主要是基于不让子女承受污名的原因），这一验证过程在第一层阶梯就终结了。斯卡利亚大法官显然并不赞同波案意见中认为正当程序条款"不屈从于任何准则"的观点。

学术界对迈克尔案中的论证方法展开了迅速而激烈的反驳。劳伦斯·特赖布教授和迈克尔·多尔夫教授在该案宣判一年后发表了一份重要的批评意见。他们指出，斯卡利亚大法官虽然意图"发现一种价值中立的、确定具体化程度的方法"，但实际上，"他远没有提供一种价值中立的权利定义方法，而是提供了一种经过伪装的价值输入的方法"。他们认为，斯卡利亚大法官的方法有着"十分可怕的潜质"——一方面标榜判断过程不包含价值倾向，另一方面又将价值倾向偷偷夹带其中，且依照这种方法，法官完全不需要为此负责。

特赖布和多尔夫进一步指出，当前合理的做法，实际上是一种并不陌生的选择：他们支持波案中哈伦大法官的方法。他们认为:"哈伦大法官的方法包含了插值和外推,是从《权利法案》所明确保护的具体自由出发,在更高的抽象程度上推断出一种统一的原则……"有观点认为,这一方法具有专断性,是由法官的主观价值判断主导,但他们否认了这一点,指出在这一方法下,先例和传统仍可发挥制约作用。他们同时指出,这种方法具有公正性,在这种方法下,任何价值判断都是公开而不是"秘密"做出的。

斯卡利亚大法官的理论在迈克尔案中仅仅代表一票的分量。然而仅四年后,他就以一种堪载于经典教程的方法,将其理论运用到了最高法院的判决之中。在1993年的"雷诺诉弗洛里斯案"中,最高法院面临一个问题,即当移民归化服务部门在处理因驱逐出境程序而被拘留的少年犯,且需要将其释放交予其父母、近亲属或监护人时,如果没有上述适格主体,依据正当程序条款,是否应当将少年犯释放交予其他有责任能力的成年私人监护。在为多数意见撰写的判决书中,斯卡利亚大法官认为:"正当程序的实体化分析,必须以对案件中权利的谨慎描述为前提,因为司法的自我克制准则要求,当我们在这一领域创造新的基础时,必须尽最大的谨慎。""'谨慎描述'对于'具体描述'来说,是一座透明的特洛伊木马。"斯卡利亚大法官拒绝以概括性的理由,诸如"身体不受约束的自由",或"凭意志决定行为的权利",来形成一种权利。他更喜欢一种具体化得多的描述:"没有适格的父母、近亲属或合法监护人且政府对其负有责任的儿童,享有权利被交由有意愿且有能力的私人监护者监护,而非交由政府运营或指定的儿童监护机构。"

到格拉斯伯格案时,多数意见援引了弗洛里斯案中关于"谨慎描述"的观点。首席大法官伦奎斯特,同时也是迈克尔案中斯卡利亚大法官理论的唯一支持者,执笔了该案判决。伦奎斯特大法官实际采用了类似的路径,拒绝以更加开放式的方法,诸如"选择死亡方式的自由",或"选择人道而有尊严的死亡的权利",来描述该案中的权利,因为这种方法违背了"谨慎表达这一受到威胁的利益"的要求。他把该案中的权利称为"通过他人协助进行自杀的权利"。

本文已经探讨了劳伦斯案在对待传统要素上与格拉斯伯格案的不同。在具体性要素上,这一点也成立。

考察劳伦斯案推翻先例所做的分析时,我们可以看到这种现象。劳伦斯案认为,鲍尔斯案的法官将该案中的权利理解为"从事同性性行为"的权利,而劳伦斯案的多数意见质疑了这一定性,指出:"这一陈述,在我们现在看来,表明了最高法院没有成功意识到自由的应有范围,以致其受到威胁。"并阐释道:"认为鲍尔斯案中的权利仅是从事某种性行为的权利,这无疑贬损了原告的诉求,正如认为婚姻伴侣的权利仅仅是进行性交的权利一样。"劳伦斯案法官将该案中的权利定性为"在最私密的地点,家中,从事最私人的行为,性行为"的权利。这一定性可以说是"谨慎的",但并不能算是对一种"具体的"、对可能受到威胁的权利的描述。

自由的新生? 169

此外，劳伦斯案虽然拒绝参照格拉斯伯格案，但对格拉斯伯格案结论的改造程度却并不清晰。

C. 消极自由

格拉斯伯格案还对消极自由和积极自由进行了区分。这一区分长久以来是宪法领域的重大议题——尽管最高法院从未在判决中专门对其进行分析。格拉斯伯格案有别于之前"克鲁森诉密苏里州卫生部主任案"的判决——该案认为个人享有拒绝接受治疗以维持生命的权利。格拉斯伯格案法官认为："在克鲁森案中，我们认识到多数州禁止协助自杀——现在甚至更多州有这样的规定——并且，我们也绝非暗示，拒绝治疗的权利能够摇身一变而成为协助自杀的权利。"换言之，拒绝被强制维持生命的自由，与主动寻求死亡的自由，是相区别的。

克鲁森案中表现出的区别，跟消极权利与积极权利的区别有关。二者区分的根源极其复杂，也超出了本文的讨论范畴。因此，这里试以较笼统的视角来分析二者区分的关键。《布莱克法律词典》将消极权利定义为"权利人享有的、得以阻止他人对其从事某种伤害行为的权利"。将积极权利定义为"权利人享有的、得以使他人对其从事某种有利行为的权利"。根据这种定义，最高法院在克鲁森案中是保障了一项消极权利，在格拉斯伯格案中是否决了一项积极权利。更广义上讲，一般认为，宪法传统上是保障消极自由甚过积极自由。这一点在讨论未经列举的权利时表现得更加明显。

例如，在"德沙尼诉温纳贝戈县社会服务部案"中，最高法院区分了摆脱政府管制的自由与要求政府作为的自由。在该案中，争议的焦点是温纳贝戈县社会服务部的不作为是否侵犯了少年乔舒亚·德沙尼的宪法权利。社会服务部长期收到乔舒亚的父亲兰迪对其进行殴打的报告，在对兰迪的虐待行为进行记录后，县政府与兰迪达成一项协议，以保障乔舒亚的安全。然而，在县工作人员发现兰迪违反协议后，县政府并未介入，没有对其进行管制。随后在1984年，兰迪"猛烈殴打乔舒亚，致其昏迷，生命垂危"。乔舒亚及其母亲将县政府告上法庭，诉称县政府在明知或应知乔舒亚遭遇暴力威胁时，没有对其进行保护，因而侵害了乔舒亚的自由权利。在驳回其请求的判决意见中，法官写道：

> 正当程序条款本身的文本并未要求政府保障公民的生命、自由或财产免受私人行为的侵犯。该条仅是作为对政府行为的一种限制，并非是对人身和财产安全的最低限度的保障依据。其仅禁止政府本身未经"正当程序"剥夺个人的生命、自由或财产，由此并不能推出政府对于保障这些利益免受其他途径的侵害负有积极义务。

换言之，正当程序条款保障的自由仅限于消极自由——即免受政府管制的权利。事实上，最高法院对于县政府的不作为是持支持态度的，认为如果县政府贸然采取行动，则将"很可能引发基于不正当干涉亲子关系的指控，而这一指控与当前基于不作为导致保护不足的指控一样，也是以正当程序条款为基础的"。

尽管劳伦斯案在另两项限制要素上与格拉斯伯格案有所不同，但并未突破自德沙尼案以来确立的限制要素——基于自由的消极本性的限制。劳伦斯案中的权利是关于成年人在自己家中从事性行为的权利，而这显然是一种消极权利。判决意见在两方面强调了这一自由的消极性：

> 自由保障个人不受政府对其住宅或私人领域的非法侵入。根据我国的传统，政府不应在家庭领域内任意介入。并且，在家庭以外的其他生活领域，政府也并非统治性的存在。自由并非局限于空间层面，其涵盖了自由意志的要素，包括了思想、信仰、从事私密行为等诸多方面的自由。本案中的自由，既包含了空间层面的自由，也包含了更抽象层面的自由。

格拉斯伯格案设立的界限——传统界限、基于具体性的界限，以及略显隐晦的，基于自由之消极性的界限——为正当程序条款的实体化应用设立了严格的限制条件。劳伦斯案虽然明显挑战了这些限制，但并没有使格拉斯伯格案丧失先例效力，格拉斯伯格案仍作为一项约束性的依据，出现在了奥伯格费尔案的摘要中。

Ⅱ. 突破自由的界限

在奥伯格费尔案之后,格拉斯伯格案将很难再作为一项有约束力的先例而被引用。正如首席大法官罗伯茨的异议意见指出的那样:"多数意见的立场,是要彻底推翻格拉斯伯格案这一当代限制正当程序实体化的典范判例的结论。"相较于劳伦斯案,奥伯格费尔案对格拉斯伯格案确立的三项限制要素的推翻或突破,更为彻底。

A. 传统

奥伯格费尔案改变了格拉斯伯格案对传统要素进行的定位。阿利托大法官在奥伯格费尔案异议意见中简明重述了格拉斯伯格案的理念:"本院曾指出,正当程序条款保障的'自由',仅指那些'深入根植于我国历史和传统中'的权利。"并指出:"毫无疑问,同性婚姻权并不属于这种权利。"首席大法官罗伯茨的异议意见则指出,这种对传统认知不仅为格拉斯伯格案所阐述,更是为之前和之后的许多判决所一贯坚持。

与罗伊案和劳伦斯案不同,奥伯格费尔案本身为法官提供了一项条件,使之可以逃离格拉斯伯格案对传统要素的分析路径——亦即,尽管"同性婚姻权"并非"深入根植于我国历史和传统中",但"婚姻权"无疑是满足条件的。然而,肯尼迪大法官并没有通过运用这种关于"抽象层次"的理论,来避免对传统要素的讨论。他选择了正面回应,试图解决传统要素在正当程序实体化分析中的定位问题。

奥伯格费尔案的多数意见明确印证了劳伦斯案对传统要素的讨论:

> 不公正的一个特质,在于其虽然时时存在,但我们却常不自知。起草和通过权利法案以及第十四修正案的人们,未曾预想到自由发展的所有维度,所以他们赋予后来人一项特权,以使我们能够基于对自由的新理解,来保障所有人的正当权利。

这些表述再次重现——每代人的认知局限,立宪者认识到这一局限而表现出的谦卑,立宪者以抽象化为手段为后来人认定自由所提供的解决路径,以及各代的宪法解释者运用这一遗产的积极责任。

然而,奥伯格费尔案关于传统的讨论又完全不同于劳伦斯案。通过直接援引坡案,奥伯格费尔案对格拉斯伯格案中的模糊部分进行了阐明。如此一来,也就表明其是采用了一种完全不同于格拉斯伯格案的分析路径(尽管这种分歧在之后直接援引格拉斯伯格案时才体现出来)。在讨论最高法院"认定和保障基本权利"的责任时,肯尼迪大法官引用波案的观点,强调这一责任"不屈从于任何准则"。这是采用了波案中确立的方法论,认为"法院应对潜在的基本权利予以理性地认定,以使国家对这些权利给予必要的尊重"。

肯尼迪大法官认定了四项"原则和传统",表明"宪法对婚姻的基本保护,应当适用于同性婚姻"。尽管传统在这四项分析中均占有重要的位置,但其限制作用也远不像在格拉斯伯格案中那样严格。奥伯格费尔案并不试图考察某项传统是否支持一种特定的权利,毋宁说,其更关注的是许多传统的结合体。而这一结合体中的每一项传统,又是散见于不同的先例之中。这种路径更接近于纯粹的普通法路径,而非历史分析的路径,与特赖布和多尔夫对迈克尔案的批评意见一致,而该意见也是被奥伯格费尔案中学者的法庭之友意见所反复引用的。

B. 具体性

奥伯格费尔案的多数意见也挑战了"具体性"这一要求,而这一要求被包含在格拉斯伯格案提出的法官应对涉案权利进行"谨慎描述"的要求之中。肯尼迪大法官直接指出了这一问题:

> 被上诉人辩称,本案的正确解决思路并不在于此。

自由的新生? 175

被上诉人援引了以对基本权利的"谨慎描述"著称的"华盛顿诉格拉斯伯格案",他们认为,上诉人所要求行使的并非婚姻权这种基本权利,而是一种新型的、并不存在的"同性婚姻权"。格拉斯伯格案的确坚持认为正当程序条款保护的自由,应当是以特定的历史实践为依托,且以最为谨慎的方式来定义。但这种路径也许适合于该案涉及的权利(医疗协助自杀的问题),却与本案中讨论的与婚姻和性相关的基本权利并不相干。洛文案不是主张"跨种族婚姻权";特纳案不是主张"囚犯婚姻权";扎布洛茨基案不是主张"未付清抚养费的父亲的婚姻权"。相反,这些案件涉及的都是一种综合意义上的婚姻权,探讨的是我们是否有正当的理由,来排除部分人群的结婚权利。

这段重要的文字至少可以有两种解读方式。一种解读是,基于一些未被阐明的理由,法官认定,医疗协助自杀与结婚是两种性质不同的行为,这样一来,格拉斯伯格案在婚姻问题之外,仍将是有效的判例。另一种解读是,法官是在采用一种惯用的手法,即在试图推翻某判例之前,先将这一判例孤立起来。究竟法官的真意为何,这只能留待后续的判决来解答,但基于以下理由,似乎后一种解读更为可取。

想要让格拉斯伯格案将来至少在特定语境下仍是有效的判例,则法官必须阐明"医疗协助自杀权"与"婚姻权"之间的区分原则。例如，可以认为：在医疗协助自杀的语境下，不存在一种抽象意义上的权利——如"自杀权"；但在结婚的语境下，主要案件——洛文案、扎布洛茨基案、特纳案——都指向一种更高层次的权利，称为"婚姻权"。由于这种更高层次的权利不仅存在，而且在与其相关的案件中被反复引证，因此，在讨论奥伯格费尔案涉及的权利时，我们就不能将目光仅锁定在同性婚姻权上。由此，我们得到了两个区分"医疗协助自杀权"与"婚姻权"的原则：或者认为，"婚姻和性"的问题本身是特殊的；或者认为，这些建立了更高层次的判断依据的主要案件，本身是特殊的。

然而这种区分将会面临诸多挑战。首先，肯尼迪大法官委婉地表示，格拉斯伯格案的路径在特定语境下"仍然有效"，这听起来像是一种特例化的模式。换言之，最高法院认为格拉斯伯格案的方法论不适用于"讨论与婚姻和性相关的基本权利"，这种判断给人的印象是，在不适用格拉斯伯格案方法论的问题上，"婚姻和性"的问题反而并不是一个特例，而更像是一个范本。其次，认为在婚姻问题上存在更高层次的权利，但在"医疗协助自杀"的语境下不存在，这种观点也不尽合理，因为克鲁森案即可被理解为是保障了个人选择死亡方式的权利。最后，在判决意见的前文中，奥伯格费尔案明确拒绝了格拉斯伯格案对传统要素的分析，考虑到对具体化程度问题的分析本身就一定程度上从属于对传统要素的分析，因此当传统要素不能作为一项制约时，我们也

自由的新生？　177

很难认为具体性要素能够起到制约作用。总之，奥伯格费尔案似乎已经彻底抛弃了格拉斯伯格案所铸就的框架。如首席大法官罗伯茨所指出："至少在这一部分，多数意见是坦诚的，其审慎的态度也无可指摘。"

首席大法官是对的，对谨慎描述的抛弃将导致地震级的影响。例如，一旦具体性要素被从正当程序实体化的分析过程中移除，某人即可将涉案权利包装成一种高度抽象的形态，继而将其作为一项"自由"而要求正当程序条款的保护——这正如肯尼迪大法官在劳伦斯案和奥伯格费尔案中的做法。而法院一旦接受了这种做法，其判决的性质，就由判断是否存在"未经列举"的权利，转变为依据"自由"解释出"可被列举"的权利。要知道，当法院依据"未经列举的权利"作出判决时，其合法性就已经饱受质疑。如果是依据其自身对文本性、基础性的"自由"概念的解释来作出判决，那就会引发更多关于判决合法性的讨论。

C. 消极自由

在劳伦斯案中，肯尼迪大法官遗憾地指出，该案并不讨论涉及婚姻的问题。但斯卡利亚大法官并不认同，他质疑道：

> 如果对同性性行为的道德非难不包含"合法的公共利益"……那还有什么理由来拒绝同性情侣行使"宪法

保障的自由"、享受婚姻的利益?当然不可能是鼓励生育的理由,因为不育者和老年人也是可以结婚的。

他总结道:"除非我们相信本院的判断毫无准则和逻辑可言,否则本案不可能排除对同性婚姻的讨论。"

但是,很多人并不赞同斯卡利亚大法官的分析,其理由是,免除政府管制的自由与获得政府承认的自由是不同的。在 2015 年,即奥伯格费尔案判决几个月以前,阿拉巴马州最高法院依州宪法拒绝了同性情侣要求行使结婚权利的请求,并作出了这样的区分:"劳伦斯案(废除反鸡奸法)是基于这样的原理,即政府无权干涉成年人在私密房间内从事自愿的同性性行为,但这一原理在本案中并不适用,因为本案中的同性伴侣是积极寻求公共政府对其关系的认可。"

奥伯格费尔案的异议法官也赞同这一区分。首席大法官罗伯茨在意见中指出:"劳伦斯案的判决依据是,鸡奸罪法律与禁止避孕的法律一样,是允许'政府非法地……介入'……"然而,他发现"上诉人的诉求并不涉及隐私",而"寻求的是公众对他们的结合关系的认可,以及与之相关的政府福利"。托马斯大法官的意见也持相似观点:"在我国的立法传统中,自由从来都被理解为是人民对抗政府管制的自由,而非政府赋予人民的利益。"

多数意见无情地拒绝了这一区分,认为:"尽管劳伦斯案确认了同性性行为不受刑事法律追究,但同性恋者的自由不应仅限于此。""从明令禁止到置之法外,这是一种进步,但并没有完全实现同性恋者的自由。"

在这里,肯尼迪大法官使用的依据是"自由"而非"平等",这一点至关重要,因为他本可以使用平等原则来保留一贯以来对"消极/积极权利"的区分。平等原则可以对不构成权利的利益使用。在本案中,最高法院本可以基于这样一种理由——结婚虽然不构成一种权利,但也不得基于个人性别或性取向的理由而被禁止——从而迂回地解决是否应当将劳伦斯案中的消极权利扩展到奥伯格费尔案中的积极权利这一问题。然而,肯尼迪大法官选择将其作为自由的问题进行解决,有意避开了消极/积极自由在这一语境下的区分。如其在传统问题的抗拒和逃离,这里出现的类似的抗拒,可能表明其确实有意重塑和简化正当程序实体化的分析路径。

可以确定的是,由于婚姻的确在某种程度上兼具积极权利和消极权利的特征,这种结合性将导致很多法律规则中婚姻的例外适用。婚姻是一种积极权利,因为其要求政府对婚姻双方给予承认和利益;同时,婚姻又是一种消极权利,因为其创设了一种私人领域,政府无权干涉其中——正如格里斯沃尔德案中描述的"夫妻卧室的神圣性",以及法律条文中公民得拒绝作证指控配偶的特权。奥伯格费尔案可以"临时"打破消极/积极自由的隔阂,这是由于婚姻制度处于消极/积极自由的重叠区域,而不是——再一次强调——由于肯尼迪大法官的意见本身。

D. 新的方法论及其反对意见

奥伯格费尔案的方法论与格拉斯伯格案完全不同，更接近于肯尼迪大法官在劳伦斯案中的做法。特赖布如此描述肯尼迪大法官在劳伦斯案中的意见：

> 劳伦斯案的法官含蓄地拒绝了将其目标限定在界定某种行为依法条或历史是否应当受到保护，从而将讨论提高到了一种完全不同但可能更加有益的层面上。判决看待争议双方所引用的各种正当程序实体化先例的态度，并非是将它们视为由传统决定的、这一条款所保护的行为——或排除保护的行为——的一份固定清单，而是视为一种包含了各种衡量要素的分配的、更深层的决策模式的反映，而这种决策模式甚至在单个先例判决做出时，尚不能被完全认知。法官似乎明白，这一决策模式的内在逻辑是随着其本身的构建而不断呈现的。构建这种逻辑的过程某种程度上类似于从散点图导出回归线的过程，由此我们也必须意识到，任何一种推演归纳路径的选择，都必然带有主观倾向。

概言之，我们似乎回到了哈伦大法官在波案中的意见，即正当程序条款的实体化不屈从于任何准则，而应当遵循一种普通法的方法论。

奥伯格费尔案更加清晰地倒向了这种方法论。肯尼迪大法官不断地挑战格拉斯伯格案所确立的分析界限，显示了决心通过本案来实现和推广他所理解的自由问题的分析路径。某种程度上，这种做法也是被逼无奈。在2013年的温莎案中，肯尼迪大法官的判决意见立足于联邦制和自由原则（基于第五修正案的正当程序条款）。温莎案中的联邦制理由，是将婚姻视为州法调整的范围，而这一理由显然不能在奥伯格费尔案中适用。相反，在通过温莎案强调了各州对婚姻享有的权力后，肯尼迪大法官需要在奥伯格费尔案中解释，为何个人自由可以超越这种州法的权力。

由此，肯尼迪大法官被迫以自由本身来讨论关于自由的问题，而这也许并不符合他的本意。在过往的案件，如劳伦斯案、温莎案，肯尼迪大法官高度倚重的是"尊严"命题。尽管奥伯格费尔案中也多次提及尊严，但该案主要还是围绕自由议题展开。而使用自由概念，就必然带来正当程序实体化的方法论选择问题。

首席大法官罗伯茨认为这种方法论实际等于没有方法论。他指出："正当程序条款的实体化是一剂猛药，本院历经种种挫折，才意识到对其加以限制的必要性。"并谈道："本院第一次使用实体化的正当程序条款来废除一项立法，是在'德雷德·斯科特诉桑福德案'。"由此，他将本案与以损害奴隶主自由和财产利益为由、废除一项限制奴隶制之法案的案件相比较。继而，他重述了柯蒂斯大法官在该案中的异议意见:"当解释法律的固有规则被抛弃,当个人的理论观点能够控制宪法的含义,我们将不再拥有宪法;我们将被那些有权依据个人意志解释宪法的人所统治。"

首席大法官攻击多数意见的真正武器,实际上是"洛克纳诉纽约州案",虽然该案相较于德雷德案不那么煽情。在这个著名的案件中,最高法院以未经列举的"契约自由"为依据,废除了一项限制面包师工作时限的劳动法案。洛克纳案堪称司法能动主义的典型案例,也是宪法领域最受诟病的案例之一。首席大法官在其意见中至少十六次提及了洛克纳案。

首席大法官申明了其无意完全反对正当程序条款的实体化运用:"推翻洛克纳案并不意味着否认存在未经列举的基本权利,而本院也没有这么做。"他承认"隐私权"案例——以格里斯沃尔德案为首——仍是有效的判例。

然而,我们也可以认为,洛克纳案的方法论更接近于格拉斯伯格案,而非格里斯沃尔德案。因为洛克纳案体现的自由放任主义,可以认为是根植于本国的历史和传统之中的。相反,我们很难认为格里斯沃尔德案中的避孕行为是根植于本国传统的,或认为"隐私权"是一种对权利的具体化的、谨慎的描述。

但为了公平起见,我们有必要挑战这个问题了——奥伯格费尔案判决真的包含了一种原则性的方法,使之得以区别于洛克纳案(或德雷德案)吗?

自由的新生?

Ⅲ. 重塑自由的界限

在下面这段关键性的表述中,肯尼迪大法官写道:

> 正当程序条款和平等保护条款虽然各自构成独立的法律原则,但其在本质上是相互联系的。正当程序原则中所蕴含的权利和平等保护原则所保障的权利,虽然基于不同的法理,也并非总是共存,但在特定情形下,它们之间能够形成相辅相成的关系。在某个具体案件中,单一条款更适于准确且全面地捕捉一项权利的本质,而两项条款的合力更有利于对权利进行定位和定性。对上述两项原则的共同阐释,将有助于我们理解这里所涉及的自由的本质。

如前所述,奥伯格费尔案和洛文案一样,都是以自由和平等为依据,废除了相应的州法。但洛文案对自由和平等的运用是相对平行的,而奥伯格费尔案则将二者明确地"联系"起来,例如:"平等保护原则和正当程序原则,给予了彼此有力的支持。"

首席大法官在异议意见中写道，这种方法"老实说，很难理解"。他认为多数意见的"核心观点似乎是：平等保护条款和正当程序条款之间存在一种'合力作用'，因此一些以其中一项条款为依据的判例，实际也受另一项条款的支持"。并批评道："而除此之外的论证，都与本院讨论平等保护案件的通常思路无异。"这里所谓的通常思路，实际上是指，判断这种基于性取向的区别对待是否合理，审查方式是通过"手段—目的"模式的分析，考察这种区别对待中是否包含合法的政府利益。首席大法官认为，本案中这种标准是容易达到的。

然而公平地说，肯尼迪大法官所称的合力作用，是指由平等保护分析引发正当程序的实体化应用，而这显然与"通常"的分析思路有所区别。劳伦斯案可以作为肯尼迪大法官分析思路的最佳注脚。在该案中，肯尼迪大法官的意见同时涉及自由和平等问题，但对自由的分析是二者中的重点。因此他将该案定性为，是一个包含了平等问题的正当程序实体化问题。

为避免使讨论变得太过抽象，不妨对比奥康纳大法官在劳伦斯案中所持的较为传统的平等保护分析路径。奥康纳大法官认为，平等保护条款的作用，仅在于废除那些只针对"同性"非正常体位性交进行处罚的法律。因为，为了符合平等保护条款要求的一致对待，各州只能选择，或"提高标准"，放开对所有性别非正常体位性交的管制，或"降低标

自由的新生？　185

准"，禁止所有性别的非正常体位性交。奥康纳大法官的逻辑是，她很自信，各州的选民不会允许州法选择降低标准。但实际上，我们并不能保证，禁止所有性别非正常体位性交的法律，在尚未执行时就会被投票废除，因为这种蔑视尊严的法律，主要还是被用来针对同性性行为。

而通过在劳伦斯案中引入关于自由的分析，肯尼迪大法官实际上是强制各州将标准提高到了对异性恋者和同性恋者同等对待，亦即废除针对所有性别非正常体位性交的禁令。换言之，在该案中，与我们惯常的理解不同，平等要素是在正当程序条款而非平等保护条款下发挥作用的。

同样，在奥伯格费尔案中，通常的平等保护分析将导致各州，或将标准提高，同时保障异性婚姻和同性婚姻的登记，或将标准降低，既不保障异性婚姻也不保障同性婚姻。正如南非宪法法院此前对类似案件的描述，这是关于选择"乐园中的平等"还是"坟墓中的平等"的问题。而通过引入正当程序条款（这一次是与平等平行，而非替代），奥伯格费尔案实现了对乐园中的平等的选择。如我们所见，有些州所持的辩护理由，是其拒绝承认跨州婚姻的效力，而非拒绝承认同性婚姻的效力。显然，这种做法虽不违反平等保护条款，但却违反正当程序条款。

并且，再次强调，正当程序相较于平等保护，更能保障同性恋群体的真正的平等。个人有足够的理由认为，政府应当远离对娱乐设施的管理，即使市政厅关闭一处公共设施的理由是为了制止种族主义（2012年"帕尔默诉汤普森案"案情）。同理，个人也有足够的理由认为，政府应当远离对婚姻事务的干涉，即使这种对婚姻效力的阻断是为了防止同性婚姻破坏婚姻制度。

奥伯格费尔案与劳伦斯案的不同点在于，其包含了两项价值——正当程序与平等保护——而非仅立足于正当程序。但在我看来，二者的相似远大于不同。劳伦斯案和奥伯格费尔案所构建的，乃是一种堪称为"反对压迫"的自由观。对正当程序实体化的分析路径转向了普通法路径——如波案的异议意见，而由此带来的一个重要影响，是这类案件将越来越多地涉及那些在历史上受到压迫的群体的自由问题。当这种自由的扩张发生时，教条式的准则将远远不及"自由"概念本身重要，正如最高法院在一项范例式的平等保护判例中所述："我国宪法的发展过程，就是一部将宪法的权利和保障逐步扩展到那些曾被忽视和排斥的群体的历史。"（1996年"联邦政府诉弗吉尼亚州"案）

正如此段文字所述，这种观念并非在今天诞生。我曾在文章中指出："最高法院长期通过正当程序条款来推进平等的实现，例如实现针对平民、原住民、少数种族、少数宗教群体、少数性取向群体以及妇女的平等。"并且我注意到："对平等问题的考虑也会促使最高法院发掘出那些虚伪的自由。"我引用格拉斯伯格案本身来做说明。该案中，最高法院拒绝了原告寻求医疗协助自杀的请求，理由之一是"国家应当保障弱势群体——包括穷人、老人和残疾人,防止他们被虐待、忽视或从事错误的行为"。奥伯格费尔案则将这一问题摆上了台面——此案在判决中指出,在普通法路径下对自由的考察,尤其应当考虑对受压迫群体的影响。

首席大法官罗伯茨称多数意见的理由"很难理解",因此很自然地担心起最高法院会重蹈德雷德案和洛克纳案的覆辙。然而,如果理解了自由原则中本身包含反对压迫的要素,他就不会有如此担忧了。没有人会认为德雷德案中的自由是正当的,因为这种自由补偿的对象是作为压迫一方的奴隶主。

同样,洛克纳案法官支持了所谓的合同自由,一部分原因即在于他们认为面包师群体并非弱势群体。被告甚至提出,合同自由有利于保障那些处于弱势的面包师。但不管怎么说,这一案件还是体现了最高法院对弱势群体这一考量因素的重视,只是在对于弱势群体的定义上,法官犯了明显的错误。最高法院对弱势群体的关注,导致其三年后支持了一项针对妇女的最高工作时限法案,因为认定女性是弱势性别。并且,在最终推翻洛克纳案的判决中,也强调了合同自由这一理由的荒谬之处,在于忽略了"经营者与职员并非站在平等的基础上"。包含平等考量的正当程序实体化分析,最终成为考察自由界限扩张或限缩的依据。

当然,何为"受压迫群体",这值得讨论。奥伯格费尔案的异议法官指出,保障同性恋者的婚姻权,将对基于宗教原因反对同性婚姻的群体造成伤害。这一观点有待以波案的分析路径进行谨慎的考察（而不是格拉斯伯格案下机械化的"谨慎描述"）。基于宗教原因反对同性婚姻存在的个人，宣称自己受到伤害，不仅依据薄弱，而且与宗教不应干涉民事法律的原则相悖。因此，其欲主张损害，必须要有更加具体的情境，例如作为花店或餐馆的经营者，不愿为同性婚礼提供服务等。并且，他们被要求从事与自身信仰不符的行为，并不是因为同性婚姻的合法化，而是因为法律规定不得因性取向而歧视他人。

为进一步说明，考虑两种规则模式。一种模式下，我们允许同性婚姻，但不对性取向做平等保护；另一种模式下，我们不承认同性婚姻，但要求对不同性取向的群体平等对待。在前一种规则模式下，婚礼服务商可以毫无顾忌地对同性婚礼进行歧视性对待；但在后一种模式下，婚礼服务商将不能对同性婚礼予以区别对待，即使这场婚礼并不能带来法定的婚姻效力。据此，基于宗教原因反对同性婚姻的人们，无权干涉同性伴侣的结婚权利，他们应该做的，是向各州和联邦的立法者寻求在反歧视法上的例外对待。他们的诉求不能得到法官的支持，不是因为婚姻法，而是因为反歧视法。

在奥伯格费尔案之外，我们可能还会关注，这种"反压迫"的自由分析路径，对其他一些待考察的权利有何影响。首席大法官罗伯茨指出了一个前沿而核心的问题——群婚。他质疑道，如果根据平等尊严的理论，同性伴侣享有宪法上的结婚权利，那么我们有什么理由阻止"三人伴侣"寻求婚姻的庇护？肯尼迪大法官的意见并未直接回应这种可能性，但从他的分析中可以预见到他的态度。例如，他所强调的一项传统，即在于婚姻创造了夫妻间特殊的"彼此忠诚"。然而应当看到，相对于多数意见试图抛弃"异性"这一婚姻的传统构成要素，异议意见也同样动摇了"彼此忠诚"这一婚姻暗含的要素。而根据波案的分析路径，法官很可能需要寻找另一种传统来支持群婚制度。

此外，反压迫原则的存在，也可能极大地降低将群婚权认定为一种基本权利的可能。在这一问题上，反压迫原则对于潜在的原告并无多少助益。禁止同性婚姻，将阻止同性恋者与任何其喜欢的人结婚；而禁止群婚，则并没有阻止群婚倾向者与其喜欢的人结婚，而只是阻止其再与更喜欢的人结婚。有两个伴侣的前提是先有一个伴侣，而且——一个伴侣与多个伴侣的区别，恰恰是肯尼迪大法官所重视的，因为其认定，婚姻的重点在于使人们避免陷入孤独。这一点的重要性同样反映在肯尼迪大法官对同性恋性取向性质的分析上：既然同性恋性取向是不可矫正的，那么禁止同性婚姻，将使同性恋者必然陷入孤独的人生。由于群婚倾向者并不会因为禁止群婚而必然陷入孤独，因此很难主张享有反压迫的利益。

反压迫原则不仅不能为群婚主张者提供支持，而且还会为政府禁止群婚提供依据。当前，多数的群婚是一夫多妻，少数的群婚是一妻多夫，而一夫多妻的情形下，将存在丈夫压迫妻子的隐忧。一直以来，舆论都认为禁止同性婚姻代表了一种基于性别的压迫。与之相反，禁止群婚则被认为是站在了这种压迫的对立面。

这里我并不想全面地讨论，在后奥伯格费尔时代，正当程序实体化分析将如何影响诸如群婚权等个案。但我想指出，正当程序中的反压迫要素将在未来为我们提供一种对"自由"更准确的理解（正如其以前发挥的作用）。这一要素是波案和奥伯格费尔案确立的普通法分析路径的关键所在，它将指引我们发现"自由为何物，及其如何实现"。

结论

在长久的历史上和可预见的未来中，辨明一项新自由的方法，都更像是一门艺术而非科学。在奥伯格费尔案后，这一方法更加艺术化了。奥伯格费尔案淘汰了许多过往的正当程序分析中的限制要素，复兴了哈伦大法官在波案异议意见中的分析方法。并且，奥伯格费尔案强调和丰富了在正当程序分析中反压迫要素的重要性。这一要素将在未来扩展出自由的新领域，也将阻碍一些自由的诞生。从这一点来讲，自由的新生，也可以视为平等的新生。

译后记

（一）

相信有兴趣阅读本书的读者，大多是对同性恋平权运动感兴趣的读者。甚至很大可能，你也跟我一样，是一个同性恋平权运动的支持者。当我最初得知奥伯格费尔案的判决结果时，我也和身处大洋彼岸的同性恋平权运动的支持者一样倍感振奋；当阅读到肯尼迪大法官那段感人至深而又铿锵有力的总结陈词时，我鸡皮疙瘩起了一身。然而，当我正式开始翻译这份判决书时，作为一名法学研习者的我，脑中的热潮逐渐退却，越来越多的思考和疑虑占据了我的内心。

也许你正与我分享着这份阅读的感受：一开始，在肯尼迪大法官的引导下，回顾美国同性恋平权运动的奋斗史，享受着胜利果实式的判决主文，读着慷慨激昂的句子，感受着"自由"与"权利"得到伸张的正义感；然后画风一转，遭遇到罗伯茨大法官雄辩而不失冷静的文风，在手术刀般的层层剖析中，意识到问题的多面性，于赞许中动摇了先见；接着是斯卡利亚大法官劈头盖脸的一阵狂风骤雨，虽然对这份尖锐有些抵触，内心却生出某种惺惺相惜；最后读到托马斯大法官略显冗长的引经据典，以及阿利托大法官面面俱到的点到为止，终于意识到议题角度之丰富，看似一项大势所趋的判断，也并非那么理所当然。

当然，一千个读者有一千个哈姆雷特，不同知识结构的读者，从这份判决书中读到的东西也会不同。仅就一个法学研习者的角度而言，这五位法官的意见中，我更愿意给罗伯茨大法官的异议意见在"说服力"层面打出最高分，虽然在价值判断层面，我支持肯尼迪大法官。当我完成了判决书全部文本的翻译后，最深的感受可以概括为"千头万绪"——因为一个看似简单的"同性婚姻合法化"问题，实际涉及社会、政治、伦理等诸多层面：于美国而言，它几乎涵盖了传统和当前美国最重要的议题——自由、民主、联邦制、家庭、宗教；而当我们不自觉地将这个问题代入中国的语境时，又会呈现出新的审视角度和更为复杂的矛盾变化。

（二）

依照个人的理解，本案争议贯穿始终的一个矛盾，在于"同性恋伴侣可以结婚"和"法律规定同性恋伴侣可以结婚"的区别。同性恋伴侣可不可以结婚？这个问题，严格来说，是存在于我们心中一个私人的价值判断。也许你反对，是因为一种出自本能的抵触，是因为对某种教条或信仰的坚持，是因为担心自己同性恋的儿子无法承受社会舆论的压力；也许你支持，是因为相信同性间的爱情亦属神圣，是因为对同性恋歧视问题的打抱不平，是因为对身边同性恋朋友的痛苦感同身受。是的，对于这个问题，每个人都可以有自己的判断，有自己的理由——并且这种理由，可以悲天悯人，也可以极端自私。

但是，如果上升到法律的层面，问题就转变成另一种性质。法律必须是统一的、权威的，它的影响是广泛的、全面的。所以要将一项价值判断反映在法律层面，其过程必然是高度审慎和极端技术化的。我们固然可以说，在当代民主社会，法律是人民意志的体现。但是，从个人价值判断到正式法律规范的过渡，其中的复杂性远远不能被这一句轻描淡写的概括所描述。譬如，当我们要将一条规范写入法律，我们需要考量，它虽然满足了支持者的诉愿，但是否牺牲了反对者的利益？这种利益上的牺牲范围有多大？是否有正当性？是否收益大于牺牲？是否会因为这种牺牲，造成社会的分裂和对立，进而对整个法律体系和政治制度造成负面影响？又如，我们需要考量，这样一条新的规范，是否与既有的法律规范和体系相冲突？如果冲突，原有的规范哪些应当删除，哪些应当调整？需要调整的规范，应当如何去调整？这种删除和调整是否会影响其他法律关系的适用？如果这种删除和调整对整个法律体系的伤害巨大，我们是否还要坚持写入这条新规范？再如，我们需要考量，这样一条新的规范，是否只是满足了我们一个短视的目标？它具有什么样的社会影响？能否经受历史的考验？究竟符不符合社会、国家乃至我们人类的整体和长远目标？它的实施风险在何处？风险有多大？是否具有可逆性或调整的空间？也许最终的立法结果不会反映以上所有问题的答案，但至少在法律形成的过程中，所有这些问题都值得拷问。

正是因为这样,"法律规定同性恋伴侣可以结婚"这个判断的作出,并不容易——美国人花了二十多年的时间,用了一百余页的判决书篇幅,才最终得出了这个结论。因此,我们手中的这份判决,乃是美国社会对一个立法问题经过长时间"审慎"思考而交出的答卷。即使作为旁观者,也无论是否认同,我们都理应对这份判决及其产生的过程予以敬畏。

(三)

在美国的同性婚姻合法化讨论中,四项议题构成了问题的争议焦点,即"缔结同性婚姻是否构成一项基本权利""联邦法院是否有权决定同性婚姻的合法化""同性婚姻是否有碍宗教自由""同性婚姻是否会影响婚姻的生殖意义的实现"。其中,后两个议题,在长期的讨论中,实际已经逐渐走向了共识:个人的宗教信仰不应干涉他人的行为自由;当代婚姻制度的意义也已不再限于生殖。在本案的异议意见中,反对派法官也没有围绕这两个议题多做文章。因此,纵观整个判决,正反双方的拉锯基本都是围绕上述前两个议题展开的。而这两个议题,又分别对应了本判决结论的实体性正当依据和程序性正当依据。

对缔结同性婚姻构成一项基本权利的论证,肯尼迪大法官给出了四项理由,分别可以概括为自由、隐私、儿童福利和配偶权利。但严格来说，这四项理由并非呈现严格的逻辑序列：后三项理由是同性婚姻合法化的充分不必要条件（通过对同性性行为、儿童收养、伴侣特权关系等方面法律的分别调整，即可达到与同性婚姻合法化同样的法律效果）。因此我们可以看到，奥伯格费尔案真正的实体性正当依据，在于法官将同性婚姻权认定为是一项自由权利。而对于这一结论得出的逻辑路径，吉野贤治教授的评论是较为中肯的：这是一项由平等引发的、以保障弱势群体为价值导向的、对自由权利的认定。换言之，在判决的实体性正当依据上，法官的基本逻辑可以通俗地表述为：婚姻权是每个人享有的一项基本自由权利，同性恋群体同样是人，而且他们长期遭受了社会的压迫，因此我们现在更要保障他们的这项自由。

如果上述理解无误，则不难发现，奥伯格费尔案的实体性正当依据是高度"美国化"的：其所持的是高度的个人主义本位，强调行为人的积极自由和结果平等，而对集体主义层面的社会效果着眼较少（当然，这并不是说没有关注社会效果，而是说在考虑社会效果后，倾向得出的是"社会应该包容个人"这样一种结论）。那么，这样一种正当性依据在当代中国的语境下是否能够具有说服力呢？我没有经过调查，不敢妄下结论——并且这个结论，恐怕也很难由法律学者通过思辨式和文献式的研究方法而得出。

依个人浅见，在中国语境下，同性婚姻合法化的阻碍，主要还是来自集体主义本位下的国家层面和社会层面。不妨考虑上述美国同性婚姻合法化讨论中遭遇的议题：我国不存在宗教干涉性自由的问题，甚至传统儒家社会对同性恋爱关系实际持默认的宽容态度；*但我国社会对婚姻的生殖意义的强调，远远超过美国，且不论观念保守的农村地区，即使是一般的城市居民，很多也是将"传宗接代"、抚育子女视为婚姻的主要目的和内容——并且，这种基于性别认知而形成的对婚姻的主流认知，会在反复的自我认同中不断加强，进而演化出对非主流认知的轻视、排斥乃至恐惧，并衍生出有形的道德非难和歧视对待。而同性婚姻的合法化，意味着国家对婚姻"去生殖化"的背书，这种做法的伦理意义，在中国当前的语境下是否能够被大众广泛接受，是存在疑问的。并且，当前我国面临着调整人口结构、提高生育率的实际需求，而调控人口长期以来都是我国立法中较为高阶的考量因素。因此，在这个节点展开婚姻的"去生殖化"，无疑又面临一定的政策阻力。

当然，我并不认为集体主义天然可以压过个人主义，也不认同传统观念、调控人口可以成为阻止同性婚姻合法化的有效理由。但立法的落地往往需要经过社会意识的长期酝酿，严谨的调研论证胜过一腔热血的理想主义。美国同性婚姻的合法化是四十余年同性恋平权运动斗争得到的最终结

---

* 参见张祥龙：《儒家会如何看待同性婚姻的合法化?》，载《中国人民大学学报》2016年第1期。——译者注

果，而在中国这个当前尚没有同性恋平权意识土壤的国家，强行地去推动同性婚姻的合法化，这种做法恐怕只会得出一个甚至连同性恋群体自己都不认同的婚姻制度。* 因此，在为大洋彼岸的同性恋平权运动取得的胜利欢呼时，我们也需要冷静地思考，什么样的理由，才能构成"中国式"的同性婚姻合法化的实体性正当依据。

（四）

奥伯格费尔案的另一个焦点，在于联邦法院是否有权决定同性婚姻的合法化。在这一点上，肯尼迪大法官的论证稍显勉强：他的核心观点可以概括为"讨论得够多了，我们等不起了"。而反对意见则高度重视这一问题，并将其上升到了民主的本质和对司法权力的克制这种高度上。应当说，反对意见的观点是有一定竞争力的，反映了美国政治体制中立法权力与司法权力的紧张关系，也动摇了本案程序性正当依据。在美国语境下，本案程序性议题的重点在于，在肯定人民享有抽象意义的立法权的前提下，民众所期待的由专业人士主导的法律决定程序，是更倾向于"精英化"，还是更倾向于"大众化"——是选择少数精英法官组成的合议庭，还是选择更受选票影响的议会，乃至更直接的全民公投。而其

---

* 参见魏伟：《圈内人如何看待同性婚姻？——内化的异性恋正统主义对"同志"的影响》，载《华东理工大学学报（社会科学版）》2010年第4期。——译者注

最终所要回答的问题可以归结为:谁有权"终结"程序。

应当看到,上述这一议题同样是具有"美国特色"的。如果转换到中国的语境,则问题的重点又将有明显不同:首先,我们并没有"精英化"和"大众化"的路径选择问题,客观上讲,我国当前立法机构和司法机构的法律决定程序,几乎都遵循少数精英主导、大众意见监督的程序模式,具有高度的"精英化"决策特点。其次,我国所面临的并不是谁来"终结"程序的问题,而是谁来"开启"程序的问题,亦即,无论是立法计划还是立法理由,从学术讨论到实践调研,我们目前所做的工作都进展甚微。而这两个特点的内在联系,又与我国客观存在的"精英主流化"倾向有关:同性婚姻合法化是面向非主流群体的法律决策,由于我国法律决策主导群体的高度主流化,这就导致法律决策者容易忽视这部分非主流群体的法律需求,或者即使意识到这种需求,也很难快速且感同身受地了解这种法律需求的内在逻辑和背景,继而难以"开启"相应的决策程序。

也许这种局面,也恰恰是我国近年来立法工作中一个矛盾的缩影:在快速建立起较为完备的调整主流社会关系的法律体系后,立法决策者缺乏开辟新的法律领域的主观动力;而社会处于上升期的客观事实,又一定程度上掩盖了非主流群体的生存困境,使得这些群体自下而上的诉求反映得不到足够的重视。然而,随着我国社会发展步入成熟稳定期,主流社会关系的法律调整日趋稳定,我们立法工作的重心,反而应当逐渐向非主流群体的法律诉求偏离——这是当代发达国家社会发展所呈现的一般规律，也是解决潜在的社会矛盾、促进社会成员和谐相处的必由之路。也许正如吉野贤治教授的评论所述，当代的"自由"和"平等"概念，本身就包含了对弱势群体的政策性保护。在这一问题上，欧美发达国家存在的争议可能在于政策倾向是否走得太过；而我国的问题则恰恰相反，在于这一进程才刚刚起步。

在我看来，这种具有中国特色的、由立法的"精英主导化"和社会的"精英主流化"造成的立法僵局，短期的破解途径，在于主流化的精英群体应当更主动地去关注非主流群体的生存现状和法律需求；长期的破解途径，则在于在全社会构建更加通畅的诉求反映渠道。所幸的是，在我国社会，当前这两项途径都在往好的方向上发展。以这次美国同性婚姻合法化判决对我国舆论的影响为例，越来越多的官员、学者和主流媒体以此为契机，开始关注同性恋平权立法问题；而许多普通民众，也借助自媒体技术的支持，表达和壮大着对同性恋平权运动的支持声音。立法话语权的分配不平衡是任何社会客观存在的现象，并且，即使我们认识到一个更合理的分配方案，话语权的移转也绝非一蹴而就。但是，只要我们认清社会和历史发展的潮流，坚持不懈、脚踏实地、实事求是地去寻求改变、推动进步，我们总能期待更美好的明天。

（五）

在本书的翻译工作完成后，全球各地的同性婚姻合法化运动又发生了诸多进展，哥伦比亚、芬兰、斯洛文尼亚、德国、马耳他等国家以及我国台湾地区，相继加入了承认同性婚姻的行列。其中，作为大陆法系和欧洲代表性国家的德国，以及无论是文化传统还是立法渊源都与我们系属同根的我国台湾地区，二者在对待同性婚姻问题上的政策转变，尤为引人关注。在德国联邦参议院提交的《关于引入同性婚姻缔结权的法律草案》（联邦众议院未作改动直接通过）的理由说明中，立法者写道："不同于《魏玛宪法》将婚姻视作家庭的基础并强调婚姻的生育功能，《基本法》将婚姻作为独立于家庭的互助与责任共同体来予以保护。"并强调："一段时间以来，已有足够的理由可以证明传统婚姻观念发生了根本转变……这些理由使得在宪法上引入同性间婚姻缔结权成为可能。"同时引用了美国、加拿大和南非的宪法判例，指出："将同性伴侣排除在婚姻之外，违背尊重私人自治及法律面前人人平等的宪法原则。"而在我国台湾地区"司法院"关于"民法"亲属编婚姻章禁止同性婚姻条款违宪的解释中，"大法官"也认为："未使相同性别二人，得为经营共同生活之目的，成立具有亲密性及排他性之永久结合关系，于此范围内，与宪法第 22 条保障人民婚姻自由及第 7 条保障人民平等权之意旨有违。"

上述两项文件，尤其是理论阐述较为详尽的德国立法案，可以被视为大陆法系国家和地区同性婚姻合法化论理的重要参考。而考察德国立法案不难发现，其论理侧重与作为英美法系代表性国家的美国尚有不同。德国立法案论证同性婚姻合法化的理由主要有三条：第一是立足于对婚姻的重新定义，隔离了婚姻与生殖的必然联系；第二是强调了社会变迁中公众对同性婚姻接受的共识凝聚；第三才是以辅助论证的笔法，引用了各国宪法判例中对自由和平等的维护作为理由。因此，在德国立法者看来，"生殖是否是婚姻的必要功能"，以及"同性婚姻是否能为多数公众所接受"，这两个问题才是同性婚姻合法化的核心问题。这一论证思路，恰恰点出了一种与美国法截然不同的同性婚姻正当性实现路径。对于不具有美国那样的宪法实践基础和社会文化背景的国家，这一路径具有高度的参考价值。并且，这也暗合上文笔者所理解的我国同性婚姻陷入困境的原因，亦即"生殖"和"社会观念"两个因素，才是在我国实现同性婚姻合法化的真正阻碍。当我们发问，中国何时才能实现同性婚姻合法化？一个理性的判断者，实际需要反问和审视的是：突破"生殖"和"社会观念"两大壁垒，我们的理由正不正当，时机成不成熟？从这个角度看，发生在世界各国的同性婚姻立法运动，正在为我们本土的同性婚姻合法化描绘出更加明确和稳妥的前进道路。

(六)

作为一名初涉译事的新人,翻译奥伯格费尔案的判决书,对我来说是一项巨大的挑战。因此,虽然自己竭尽全力,书中必然仍存在很多纰漏。在本书的写作过程中,许多师长和伙伴给予了我重要的支持和帮助,我必须要表示感谢。我要感谢我的导师梅夏英教授和高圣平教授,没有两位导师无私的关怀和悉心的指导,我不会走上学术道路,也不会具备写作和翻译的技能;感谢纽约大学的吉野贤治教授,他慷慨地给予了我翻译和转载其学术成果的授权,并对中国同性恋平权立法的发展表达了高度的关切;感谢我在埃默里大学的合作导师蒂马·拉斯克拉(Teemu Ruskola)教授,他热心地为我提供了自己关于劳伦斯案的研究成果,并时常关心我的写作进度和生活状态;感谢玛莎·法恩曼(Martha Fineman)教授,作为一名享誉全球的婚姻法专家,她对我的翻译工作给予了慈祥的鼓励,对我意义重大;感谢我的伙伴,来自巴西圣保罗大学的杰迪代亚·克朗科(Jedidiah Kroncke)教授,他无私地向我传授了自己关于比较法研究的经验,并鼓舞了我的信心。此外,我要感谢北京大学出版社的柯恒编辑,为我提供了诸多写作和出版的建议和便利;感谢《哈佛法律评论》的詹妮弗·希思(Jennifer Heath)女士,为我解决了关于版权授权方面的问题。感谢我的朋友解立群，她为本书的一些翻译细节提供了建议。

愿本书能为我国同性恋平权立法的发展提供些许助益。

译者 谨识

图书在版编目(CIP)数据

惊世判决/申晨编译. —北京:北京大学出版社,2018.2
ISBN 978-7-301-29120-7

Ⅰ.①惊… Ⅱ.①申… Ⅲ.①同性恋—婚姻法—判例—美国 Ⅳ.①D971.239

中国版本图书馆 CIP 数据核字(2017)第 328622 号

书　　　名	惊世判决
	JINGSHI PANJUE
著作责任者	申　晨　编译
责 任 编 辑	柯　恒　陈晓洁
标 准 书 号	ISBN 978-7-301-29120-7
出 版 发 行	北京大学出版社
地　　　址	北京市海淀区成府路 205 号　100871
网　　　址	http://www.pup.cn　http://www.yandayuanzhao.com
电 子 信 箱	yandayuanzhao@163.com
新 浪 微 博	@北京大学出版社　@北大出版社燕大元照法律图书
电　　　话	邮购部 62752015　发行部 62750672　编辑部 62117788
印 刷 者	北京中科印刷有限公司
经 销 者	新华书店
	787 毫米×1092 毫米　32 开本　6.625 印张　124 千字
	2018 年 2 月第 1 版　2018 年 2 月第 1 次印刷
定　　　价	35.00 元

未经许可,不得以任何方式复制或抄袭本书之部分或全部内容。
版权所有,侵权必究
举报电话:010-62752024　电子信箱:fd@pup.pku.edu.cn
图书如有印装质量问题,请与出版部联系,电话:010-62756370